HENRY FRASE

Die großen kleinen Dinge

mosaik

Buch

Im Sommer 2007 fährt der junge Brite Henry Fraser mit seinen Freunden in den Urlaub nach Portugal, um seinen Schulabschluss zu feiern. Beim Baden im Atlantik schlägt er mit dem Kopf unglücklich auf dem Meeresgrund auf und ist von einem Moment zum nächsten schulterabwärts gelähmt. Konfrontiert mit einem Leben im Rollstuhl, muss er alle bisherigen Träume und Pläne für seine Zukunft aufgeben und einen neuen Weg für sich finden. Doch die tragische Nachricht lässt den jungen, sportlichen Mann nicht verzweifeln. Er kämpft sich mit einem starken Willen zurück ins Leben und inspiriert seither viele andere Menschen, nach Schicksalsschlägen nicht den Lebensmut zu verlieren.

Autor

Henry Fraser, geboren 1992 in England, erlitt im Alter von 17 Jahren eine Rückenmarksverletzung und ist seither von den Schultern abwärts gelähmt. Die Hoffnung, ein selbstbestimmtes und glückliches Leben zu führen, hat er nicht verloren. Mit seiner positiven Einstellung zum Leben begeistert er als Referent und arbeitet zudem als Mundmaler. 2017 wurde er in Großbritannien unter die einflussreichsten Menschen mit Behinderung gewählt.

HENRY FRASER

Die großen kleinen Dinge

Ein junger Mann glaubt an das Leben

Jeder Tag kann ein guter Tag sein

Aus dem britischen Englisch
von Henriette Zeltner

Mit einem Vorwort von J. K. ROWLING

mosaik

Die englische Originalausgabe erschien 2017 unter dem Titel »The Little Big Things« bei Seven Dials, an imprint of The Orion Publishing Group Ltd, London.

Dieses Buch ist auch als E-Book erhältlich.

MIX
Papier aus verantwortungsvollen Quellen
FSC® C084279
FSC www.fsc.org

Verlagsgruppe Random House FSC® N001967

1. Auflage
Deutsche Erstausgabe 2018

Illustrationen und Fotos: Henry Fraser
Umschlag: *zeichenpool, München
Umschlagmotiv: Henry Fraser
Redaktion: Antje Steinhäuser
Satz: Buch-Werkstatt GmbH, Bad Aibling
Druck und Bindung: Print Consult, München
Printed in Slovakia
JE · Herstellung: IH
ISBN 978-3-442-39335-0

www.mosaik-verlag.de

Für meine Mum, meinen Dad und meine Brüder,
Tom, Will und Dom, die immer für mich da waren.
Ihr habt mir so viel von Euren Leben gegeben,
dass ich meines leben kann. Ich weiß nicht,
wo ich heute ohne Euch wäre.

*

Für meine Freunde, die von Anfang an
für mich da waren. Ihr habt meine Behinderung
nie als Hindernis betrachtet, sondern als Chance,
neue Erinnerungen zu schaffen.

E293
E293

Inhalt

Vorwort

Henry Fraser ist einer der bemerkenswertesten Menschen, die mir je begegnet sind.

Vor dem Unfall, der sein Leben veränderte, war Henry intelligent, begabt und gutaussehend, was in den Augen der meisten von uns wohl genügen würde, um darauf aufzubauen. Bislang war noch gar nicht deutlich geworden, was für eine außergewöhnliche Persönlichkeit Henry in Wirklichkeit war. Dann aber verreiste er mit seinen Freunden, hechtete kopfüber ins Meer, und innerhalb einer Sekunde änderte sich alles.

Es war Zufall, dass ich auf Henrys Geschichte stieß. Ich hatte die Webseite des Rugbyclubs Saracens nur besucht, um die Details über ein Spiel nachzulesen, das ich in einem Krimi erwähnen wollte, an dem ich gerade schrieb. Da fiel mir Henrys Geschichte ins Auge, und in der großen Tradition aller recherchierenden Romanciers ließ ich auf der Stelle alles stehen und liegen, woran ich eigentlich hätte arbeiten sollen, um etwas viel Interessanteres zu lesen.

Ein paar Wochen später begann mein Freund und Agent Neil Blair mir die Geschichte eines jungen Mannes zu erzählen, den er soeben als Autor angenommen hatte. Die Story klang vertraut. »Neil, das ist aber nicht Henry Fraser, oder?«

Und so kam ich über unseren gemeinsamen Agenten mit Henry in Kontakt. Zuerst chatteten wir eine Weile online, bevor wir uns schließlich bei seiner ersten Ausstellung persönlich kennenlernten. Die dokumentierte seine Entwicklung in der Mundmalerei von ersten Zeichnungen bis hin zu wunderschönen, voll ausgestalteten Gemälden. An jenem Abend hielt er eine Rede, die – da bin ich mir sicher – allen Zuhörern unvergessen bleiben wird. Mit erstaunlicher Aufrichtigkeit, Bescheidenheit und Unerschütterlichkeit beschrieb er seinen Unfall, wie er ihn schließlich akzeptiert hatte und nun das Beste aus einem Leben machte, mit dessen Verlauf er nicht gerechnet hatte.

Ich folge Henry auf Twitter, und wir chatten regelmäßig über Direct Message. Die meisten Menschen reagieren so auf ihn, wie auch ich es tat: voller Bewunderung und mit gewisser Ehrfurcht. Gelegentlich habe ich auch schon erlebt, dass er mit Aufmerksamkeit anderer Art umgehen musste. Eine Frau erklärte ihm, er sei eben für seine Dummheit bestraft worden, als er am Strand einen Kopfsprung ins Meer machte. Ein Mann höhnte, er führe die Welt an der Nase herum, denn wie solle er denn Twitter nutzen können, wenn er tatsächlich gelähmt sei.

Man kann die Furcht in solchen ungebetenen Kommentaren förmlich riechen. Wenn man Henrys Geschichte als wahr akzeptiert, bedeutet das, auch über die Herausforderungen und Entbehrungen nachzudenken, mit denen manche sich aus Angst nicht beschäftigen wollen. Jemand anderen zu beschuldigen, das ist eine Möglichkeit, die schlichte Tatsache zu leugnen, dass sich in jedermanns Leben so ein plötzlicher, unumkehrbarer und unvermeidlicher Umbruch ereignen kann.

Wir Menschen sind viel zerbrechlicher, als wir wahrhaben wollen. Das Schicksal hat Henry Fraser einen furchterregenden Weg aufgezwungen, auf den er sich nicht vorbereiten konnte. Er musste zurück in ein lebenswertes Leben finden und erwies sich dabei als ein Mensch mit außergewöhnlichem Durchhaltevermögen, Stärke und Weisheit. Er fordert sich selbst sowohl körperlich als auch mental, übertrifft die Erwartungen in jeder Hinsicht, sammelt Geld für ihm wichtige Anliegen, und seine Kunst wird mit jeder Zeichnung und jedem Gemälde immer besser.

Vor allem anderen ist Henry jedoch der lebende

Beweis dafür, dass Akzeptanz und Ambition einander nicht ausschließen müssen. Wie viele von uns können wahrhaftig behaupten, dass wir die Gegebenheiten unseres Lebens akzeptieren und gleichzeitig all unsere Möglichkeiten voll ausschöpfen? Es ist verständlich, dass man sich über aktuelle Einschränkungen aufregt, doch manchmal sind sie uns auch nur Ausreden, um untätig zu bleiben, um nicht alles zu tun, was in unserer Macht steht: für uns selbst, für andere, für die Welt.

Henry bleibt intelligent, begabt und gut aussehend, doch er ist jetzt noch mehr als das, nämlich etwas, das man nur selten findet: wahrhaftig inspirierend. Nicht das, was ihm widerfahren ist, macht ihn bemerkenswert, sondern das, was er bewegt. Dieses Buch ist nur seine jüngste Errungenschaft, denn niemand, der ihn kennt, wird bezweifeln, dass noch sehr viel mehr folgen wird. Ich bin stolz darauf, ihn einen Freund zu nennen.

J. K. Rowling

1

Ein kurzer Moment

Das Leben war schön. Das erste Jahr der Oberstufe an meiner neuen Schule war fantastisch gewesen – Rugby, das soziale Leben, das unendliche Gefühl von Abenteuer und Möglichkeiten, das sich einstellte, sobald ich in London lebte. Als dann meine neuen Klassenkameraden vorschlugen, nach unseren Prüfungen im Sommer gemeinsam Ferien zu machen, überlegte ich nicht lange und sagte zu. Wir waren eine eingeschworene Truppe, die in der Schule, beim Rugby und auch sonst zusammen abhing. Eine Woche Sonne in einer Villa in Praia da Luz klang nach einer großartigen Idee, um das Schuljahr zu beenden.

Fast hätte ich es nicht geschafft. Beim Boarding – nachdem ich schon die Gepäckkontrolle *und* die Security hinter mir hatte – erklärte die Flugbegleiterin, die die Bordkarten kontrollierte, dass ich nicht einsteigen könne, weil mein Reisepass abgelaufen sei. Also wurde mein Gepäck wieder ausgeladen, und ich musste umkehren. Es war der reinste Walk of Shame, wieder aus dem Boarding-Bereich heraus und mit der Bahn zurück nach Hertfordshire. Die ganze Zeit dachte ich, dass ich mir Portugal jetzt wohl aus dem Kopf schlagen konnte. Aber zum Glück reagierten meine Eltern verständnisvoll. Als Familie waren wir noch nicht oft ins Ausland gereist, deshalb hatte niemand von uns daran gedacht, vor der Reise meinen Pass zu checken. Als ich genervt und enttäuscht wieder zu Hause ankam, erklärte ich meiner Mum, dass ich wohl eher dableiben würde, weil es einen solchen Aufwand bedeutete, noch rechtzeitig nachzureisen. Aber meine Eltern spürten, wie viel mir dieser Urlaub bedeutete, und deshalb taten sie, was nette Eltern in so einem Fall tun. Mein Dad nahm sich den Tag frei, damit er mit mir nach Liverpool – gute dreihundert Kilometer von uns entfernt – fahren konnte. Denn das war der nächste Ort, wo wir express einen neuen Pass bekamen. Inzwischen buchte meine Mum mir ein neues Ticket nach Portugal, sodass ich am nächsten Abend pünktlich zum Essen bei meinen Freunden war.

Ich hatte mich wirklich wahnsinnig darauf gefreut, dort zu sein. Von Natur aus schüchtern und oft eher zurückgezogen hatte ich mich gut an meiner neuen Schule eingewöhnt. Wie schon mein Bruder Will war ich nach meinem Realschulabschluss, den GCSEs, als Internatsschüler mit einem Sportstipendium am Dulwich College aufgenommen worden. Seit einem Jahr spielte ich als Flügel- und Mittelstürmer in der First XV als einer der Stammspieler meines Clubs. Die meisten meiner Freunde gehörten ebenfalls zur Mannschaft, und es bedeutete mir viel, dass ich auf dem Feld und auch sonst als Teammitglied akzeptiert war.

Dass ich einen Tag später in Portugal eintraf, spielte keine große Rolle – auch wenn ich deshalb auf einer

Matratze schlafen musste, die genauso gut aus Beton hätte bestehen können. Ich kam schnell in den herrschenden Ferienrhythmus: lange ausschlafen, frühstücken, an den Strand gehen, um ein bisschen mit einem Rugbyball zu werfen, sonnen, schwimmen und chillen, dann in die Villa zurückkehren, um uns was zum Abendessen zu kochen. Meine Freunde Marcus und Hugo machten schon seit Jahren Urlaub an diesem Ort an der Algarve. Deshalb hatten sie sich auch mit einigen Einheimischen und anderen Stammgästen ihres Alters angefreundet. Am Abend trafen wir ein paar ihrer Freunde, gingen zusammen in Lagos aus und kehrten erst in den frühen Morgenstunden, zweimal sogar erst bei Sonnenaufgang, nach Hause zurück. Es war mein erster Urlaub ohne Erwachsene im Ausland, daher war ich auch fest entschlossen, jede Sekunde davon, bei Tag und bei Nacht, auszukosten.

Am fünften Tag, wie an allen anderen, spielten wir unten am Strand ein bisschen Fußball-Rugby. Es war mitten am Nachmittag und der Strand voller Familien. Kinder liefen ins Wasser und wieder raus. Die Sonne brannte heiß, und als es zu viel wurde, rannten Rory und Marcus ins Meer, um sich abzukühlen. Ich war vorher schon schwimmen gewesen und wusste, wie erfrischend sich das Wasser anfühlte. Wie ich ihnen so nachsah, sehnte ich mich plötzlich auch nach diesem Moment, wenn mein Körper sich, komplett untergetaucht, von der Hitze erholen würde. Also rannte ich ihnen hinterher und wich dabei den Kindern aus, die auf dem flachen, feuchten Streifen des Strands Sandburgen bauten.

Ich lief ins Wasser, bis es mir bis zur Taille reichte, dann wiederholte ich, was ich in jener Woche schon Hunderte Male gemacht hatte, ich hechtete kopfüber

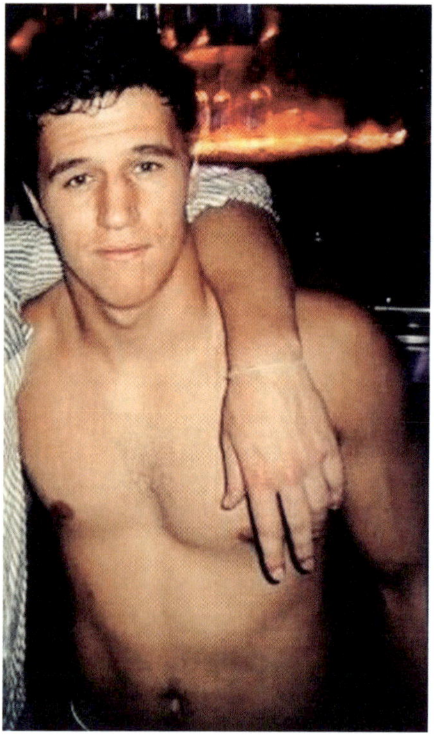

Am Abend vor meinem Unfall

hinein. Doch als ich es diesmal tat, prallte ich mit dem Kopf auf eine Sandbank. Als ich die Augen aufriss, trieb ich mit dem Gesicht nach unten unter der Wasseroberfläche, meine Arme hingen leblos vor mir. Vom Hals abwärts konnte ich mich nicht mehr bewegen. Die Stille des Meeres dröhnte in meinen Ohren und war das schrecklichste Geräusch, das ich je gehört hatte. Ich konnte mich nicht rühren, nicht atmen, und obwohl es nur Sekunden dauerte, kam es mir wie eine Ewigkeit vor. Ich hatte Angst und war hilflos. In Gedanken fluchend wollte ich verzweifelt am Leben bleiben und atmen. Ich dachte, es wäre aus mit mir.

Dann hörte ich Marcus fragen, ob ich okay sei. Ich hörte Hugo rufen: »Frase, lass das Theater. Hier, fang«, dann platschte ein Ball ins Wasser. Ich musste ihnen mitteilen, dass ich kein Theater machte, und schaffte es, meinen Kopf ein kleines Stück zur Seite zu drehen. Diese winzige Bewegung rettete mir das Leben, das ab dem Moment für immer verändert war. Denn irgendwie gelang es mir, den Mund aus dem Wasser zu kriegen und »Helft mir« zu sagen. Ich hörte, wie Hugo nach Marcus schrie, dann schleppten sie mich zusammen aus dem Wasser und legten mich am Strand auf den Rücken. Inzwischen umringten mich schon all meine Freunde, und in ihren Gesichtern war die Panik unübersehbar. »Sorry, Jungs«, brachte ich heraus, »vielleicht habe ich den Urlaub versaut.« Bevor sie irgendetwas dazu sagen konnten, spürte ich, wie jemand meinen Kopf festhielt und mir erklärte, ich solle mich nur ja nicht rühren. Zwei Engländer – zufälligerweise ehemalige Rugbytrainer – hatten gesehen, wie ich aus dem Wasser getragen worden war, und waren hergekommen, um zu helfen. Sie schoben mich ganz vorsichtig auf ein Wellenbrett und deckten mich mit Handtüchern zu, damit ich nicht mehr so vor Kälte zitterte. Stuart, der sich mir vorstellte, während er meinen Kopf hielt, sagte mir ruhig, aber entschieden, ich solle nicht in Panik geraten. Wahrscheinlich sei es nur ein gestauchter Nacken und ein Krankenwagen schon unterwegs. Er fragte mich, ob ich meine rechte Hand bewegen könne, und wie ich feststellte, ging das. Später erklärte man mir, es habe sich wohl um einen Spasmus gehandelt, eine völlig unwillkürliche Bewegung.

Das Seltsame war, dass ich zuerst eigentlich gar keine Panik verspürte und alles wie in Zeitlupe erlebte. Ich hörte immer noch das Meer, die Kinder, die darin tobten und lachten, ich spürte die Sonne auf meinem Gesicht. Aber als die Minuten verstrichen und ich immer noch absolut nichts spürte, keinen Muskel bewegen konnte, da packte mich die Angst. Ich hatte so eine Art Parallelvision, in der ich mich aufstehen und alles normal weitergehen sah, während mir gleichzeitig dämmerte, dass da gerade etwas sehr, sehr Schlimmes passierte.

Dann ging es plötzlich ganz schnell. Sie Sanitäter trafen ein, legten mir eine Halskrause um, hoben mich auf eine Trage und brachten mich zu einer anderen Stelle am Strand, wo bereits ein Hubschrauber wartete, um mich ins Krankenhaus zu bringen. Meine Freunde liefen neben mir her, und ich fragte, ob Marcus mich begleiten könne. Das lehnten die Rettungskräfte jedoch ab. Diesmal artikulierte ich meine Panik laut, weil ich vom Schock noch nicht komplett benebelt war. Und hätte nicht eine Sanitäterin die ganze Zeit meine Hand gehalten und – in ihrem gebrochenen, freundlichen Englisch – beruhigend auf mich eingeredet, dann wäre dieser Transport deutlich schlimmer gewesen. Sie lobte mich dafür, dass ich selbstständig atmete, beteuerte, dass ich ins beste Krankenhaus von Lissabon käme, wo sich die besten Ärzte um mich kümmern würden, und dass, was auch immer passierte, alles gut werden würde. Wie ich in dem Moment begriff, ist die Liebenswürdigkeit von fremden Menschen eine wunderbare Sache.

Genau wie man das aus dramatischen Krankenhausserien kennt, wurde meine Trage schwungvoll durch die Türen der Notfallambulanz gestoßen, wo ein Team von Medizinern mich schon erwartete. Meine Sanitäterin verabschiedete sich, wünschte mir Glück, und als sie weg war, überkam mich die schreckliche Erkenntnis, dass jetzt niemand wusste, wo ich war. Dabei wünschte ich mir meine Eltern dringender als alles andere an meine Seite. Über mir und um mich herum wurde viel gesprochen, was ich jedoch nicht verstand. Ich fragte, ob ich telefonieren könne, um meine Eltern anzurufen. Aber dafür war keine Zeit. Ich musste sofort zum Röntgen. Das dauerte ein wenig, und vielleicht dämmerte ich dabei weg, denn als Nächstes spürte ich, wie mir Creme auf die Wangen geschmiert wurde. Etwas,

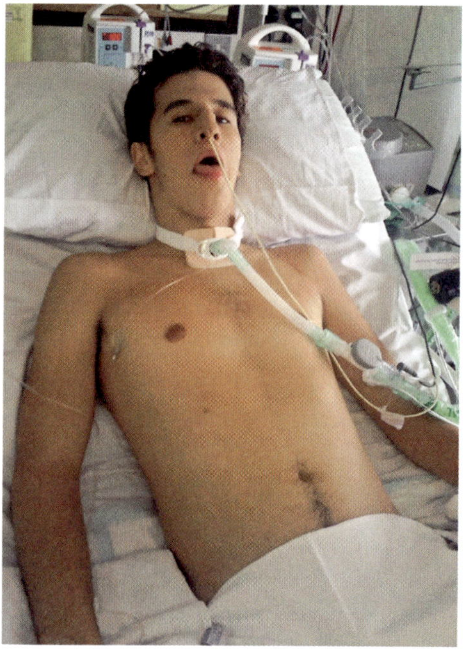

Etwa sechzig Tage nach dem Unfall. Noch mit Magensonde und Beatmungsgeräteschlauch.

das sich anfühlte – später merkte ich, es war tatsächlich genau das – wie Schrauben, wurde zu beiden Seiten meines Kopfs befestigt. Ich kam in eine große Metallhalterung, so eine Art Heiligenschein über meinem Kopf, und wurde mit einem Flaschenzug verbunden, an dem Gewichte befestigt waren. Indem sie meinen Nacken streckten, hofften die Ärzte, mein vierter Wirbel – der sich völlig verschoben hatte – würde an seine richtige Stelle zurückrutschen. Nunhieß es abwarten.

Ich sehnte mich nach meinen Eltern und hatte keine Ahnung, ob überhaupt irgendjemand auf der Welt wusste, wo ich mich gerade befand. Morgens hatte ich noch Spiegeleier zum Frühstück gebraten, und meine einzige kleine Sorge war das Abschneiden in den Prüfungen zum Schuljahresende gewesen. Und jetzt lag ich hier, unbeweglich, voller Sand und in einem seltsamen Bett mit zwanzig Kilo, die an meinem Hals zogen. Während ich den Sekundenzeiger beobachtete, dämmerte ich immer wieder von einem Albtraum in den nächsten. Eine dafür abgestellte Krankenschwester hielt inzwischen meine Hand.

*

Auch wenn ich nichts davon wusste, waren meine Eltern in dieser ersten unruhigen Nacht bereits auf dem Weg zu mir. Weil sie vermuteten, man habe mich ins nahe gelegene Krankenhaus von Portimão gebracht, wie ein Sanitäter ihnen gesagt hatte, verbrachten meine Freunde den Rest des Tages panisch auf der Suche nach mir. Erst viel später und durch Zufall begegneten sie der Sanitäterin, die auch am Strand gewesen war. Sie reimte sich zusammen, wer die Jungs waren, und erklärte ihnen, dass ich im dreihundert Kilometer entfernten Lissabon war. Dort gibt es vier Krankenhäuser, aber mit Hilfe von Marcus' und Hugos Freunden, die Portugiesisch sprachen, schafften sie es schließlich, mich im São José zu finden. Danach riefen sie Marcus' Vater an, der Arzt ist. Er brachte meinen Eltern die Nachricht bei.

Nach dem Eintreffen im Krankenhaus verlangten meine Eltern, mich sofort zu sehen. Doch man sagte ihnen, ich sei noch nicht »fertig«, und brachte sie stattdessen zum zuständigen Chirurgen. Der sagte ihnen ohne Umschweife, dass ich mir das Rückenmark durchtrennt hätte und nie wieder in der Lage sein würde, zu gehen oder meine Arme zu benutzen; dass ich für den Rest meines Lebens Tetraplegiker sein würde. Bis zum heutigen Tag kann ich mir nicht vorstellen, was für ein Schock das für meine Eltern gewesen sein muss. Zuletzt hatten sie mich voller Vorfreude meinen neuen Pass schwenkend zur Haustür hinauslaufen gesehen. Ich bin der dritte von vier Brüdern, und unser Alltag war immer von Sport und Aktivität bestimmt. Irgendeiner war immer

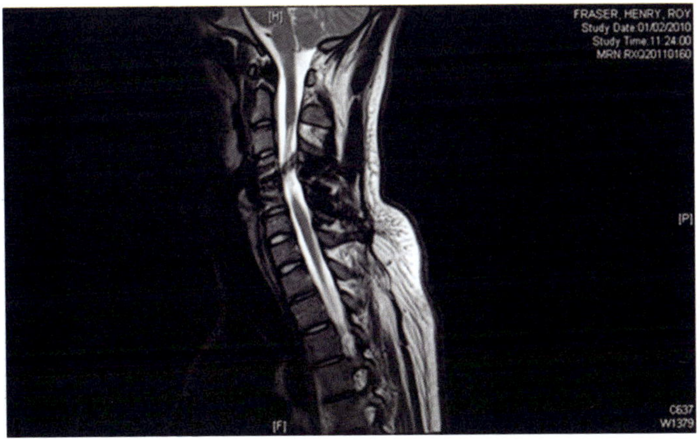

Kernspinnaufnahme meiner Halswirbelsäule.
Die kurze, schwarze, diagonale Linie zwischen den weißen und grauen Linien ist die Stelle, an der mein Rückenmark beschädigt wurde.

in Bewegung – auf dem Weg zu oder von einer Runde Laufen, Schwimmen oder Rugbytraining. Das galt nicht nur für uns vier, sondern auch meine Mum und mein Dad steckten voller Energie und Bewegungsdrang. Wir liebten es einfach, aktiv zu sein.

Meine Mum erzählte mir später – viel später –, dass mein Dad derart schockiert war, dass er keinen Laut von sich gab, während sie angefangen hatte zu schreien. Nachdem sie nicht aufhörte zu schreien, war der Chirurg – aufgrund jahrelanger schlimmer Erfahrung – so geistesgegenwärtig, ihnen zu erklären, dass dies die Zeit sei, in der ich sie dringender denn je zuvor brauchte. Dass sie ab dem Moment, wenn ich sie sah, all ihre Kraft zusammennehmen und so belastbar und positiv wie nur irgend möglich sein mussten. Nicht gespielt fröhlich oder übertrieben munter, sondern ruhig und sogar – und das wäre am wichtigsten – stark für mich. Er sah meine Mutter eindringlich an und meinte: »Mrs. Fraser, Ihr Sohn braucht Sie jetzt mehr denn je. Sie haben gar keine Wahl. Sie müssen von nun an für ihn stark sein.«

Für meine Mum waren diese Worte wie ein Echo aus der Vergangenheit, als sie mit ihrer Mutter und der damals dreizehnjährigen Schwester in der Notaufnahme gewesen war. Diese war wegen der Schmerzen aufgrund eines Abszesses in ihrem Gehirn zusammengebrochen. Damals hatte die Krankenschwester ihre Mutter bei den Schultern gepackt und ihr gesagt: »Mrs. Wallace, reißen Sie sich zusammen. Sie müssen stark sein.« Meine Großmutter hatte diese Worte beherzigt. Als sie sich daran erinnerte, wusste auch meine Mutter, dass ihr nur eine Wahl blieb. Sie verlangte, mich *sofort* zu sehen.

Meinen Eltern musste niemand sagen, dass sie für mich da sein sollten – ihre Zuneigung war schon immer bedingungslos und beständig. Aber sie mussten hören, dass ihre Kraft und ihre positive Reaktion auf mich und meine Situation von der ersten Sekunde an, in der sie mich erblickten, einer der Schlüsselfaktoren sein würde, um mir zu helfen, mit dem umzugehen und das zu akzeptieren, was mir passiert war. Es galt, die Weichen für die kommenden Tage, Monate und Jahre zu stellen.

Das alles verhinderte jedoch nicht die Tränen, als sie an meinem Bett standen. »Es tut mir echt leid, Mum und Dad«, sagte ich und versuchte, für sie stark zu sein. »Ich habe das Dümmste überhaupt gemacht.«

Ohne auch nur eine Sekunde zu zögern, sagte meine Mum: »Nein, das hast du nicht, Henry. Was auch immer jetzt kommen mag, wir werden es zusammen durchstehen.« Nach diesen Worten wusste ich, dass ich nicht allein war und bei allem, was mir in den folgenden Tagen bevorstand, meine Eltern an meiner Seite sein würden. Es lässt sich kaum beschreiben, wie viel es mir bedeutete, sie das sagen zu hören; die Erkenntnis, dass ich mich dem Unbekannten nicht allein stellen musste. Wenn man in Zeiten einer Krise Unterstützung bekommt, dann ist das vor allem anderen die Sache, die dir das Gefühl gibt, dich der nächsten Minute und auch der übernächsten stellen zu können. Der Moment, in dem ich sie laut aussprechen hörte, was schon immer da war, aber was ich von jetzt an mehr denn je brauchen würde, war einer der wichtigsten meines Lebens.

Bis zu diesem Zeitpunkt hatte ich mich noch relativ gut gefühlt. Verängstigt, aber körperlich okay. Der einzige Schmerz, den ich verspürt hatte, war der, als der Flaschenzug auf meinen Kopf eingewirkt hatte, aber ironischerweise war da trotz der Schwere der Verletzung sonst nichts. Meine Temperatur und der Blutdruck waren stabil, und obwohl da immer noch diese Gewichte an meinem Kopf befestigt waren, konnte ich sprechen. Vielleicht war es das Adrenalin, das mich zunächst noch funktionieren ließ. Bald nach dem Eintreffen meiner Eltern sackte mein Puls ab, und der Sauerstoffgehalt meines Blutes sank rapide. Eilig brachte man mich erneut zum Röntgen, um die Wirkung der Traktion zu prüfen. Schrecklicherweise hatten meine vom Rugbytraining so kräftige Muskulatur und der heftige Aufprall mit dem Kopf bewirkt, dass meine Halsmuskeln sich in einer Art Schock verkrampft und seither keinen Millimeter bewegt hatten. Demzufolge und wegen meines immer schwächer werdenden Herzschlags brachte man mich in den Operationssaal, wo ein Chirurg mir den Hals von vorne öffnete und in einer siebenstündigen Operation versuchte, den Wirbel wieder gerade auszurichten. Auch dieser Versuch scheiterte.

Da wurde alles noch dunkler. Ab dem Moment, als ich aus der Narkose erwachte, wusste ich sofort, dass sich mein Leben unumkehrbar verändert hatte. Ich war in einem komplett anderen Zustand als am Vortag. Zwei große Schläuche steckten in meinem Mund und führten meine Kehle hinunter. Ich war an ein Beatmungsgerät angeschlossen. Ein weiterer Schlauch führte durch die Nase bis in meinen Magen. Darüber wurde ich mit einer speziellen Flüssignahrung versorgt, da ich für eine ganze Weile weder essen noch trinken können würde. Außerdem bekam ich intravenös Antibiotika verabreicht. Ich erfuhr es nicht gleich, aber ich hatte mich mit MRSA (multiresistenten Staphylokokken) angesteckt und litt an einer Lungenentzündung.

Dass ich geglaubt hatte, seit dem Aufprall mit meinem Kopf schon Panik erlebt zu haben, stellte sich als Irrtum heraus. Jetzt durchlitt ich echte Panik. Furcht und Dunkelheit erfassten mich. Ich war wütend und wollte verzweifelt aufstehen und abhauen. Ich konnte meine Arme und meine Hände nicht bewegen und hatte Mund und Kehle voller Schläuche, sodass ich nicht einmal imstande war, mich verständlich zu machen. Und dieser verzweifelte innere Aufruhr hatte akute körperliche Folgen. Ich fing an, unter Angstzuständen und Panikattacken zu leiden. Dadurch sackte mein Puls dermaßen dramatisch ab, dass er von den Monitoren verschwand. Im Laufe der nächsten Woche passierte das siebenmal. Ich verlor das Bewusstsein, die Überwachungsgeräte schlugen Alarm, und Schwestern kamen an mein Bett gestürzt. Einmal holte mich nur der beherzte Schlag einer Krankenschwester auf meine Kehle ins Leben zurück.

Mein Herz machte schlapp, und zwar rasch. Ich bekam nur undeutlich mit, dass ein Schrittmacher mit meinem Herzen verbunden wurde, um den Herzschlag zu regulieren. Das Kästchen befand sich neben meinem Kopf und tickte geradezu lächerlich laut. Aber ich delirierte sowieso im Fieber. Ich war so wütend und frustriert und wäre am liebsten aus meinem nutzlosen Körper gekrochen und hätte ihn auf diesem Bett zurückgelassen.

Die nächsten paar Tage waren der reinste Albtraum. Ich war gefährlich erkrankt, und alle möglichen Versuche, um meinen Wirbel wieder gerade zu kriegen und meinen Nacken vor permanentem Schaden zu bewahren, mussten ausgesetzt werden, weil das Risiko einer weiteren Operation zu groß war. Wären meine Eltern nicht gewesen, wäre ich ja gern eingeschlafen und nie mehr aufgewacht. Aber sie sorgten dafür, dass ich weitermachte, saßen stundenlang bei mir, lasen etwas vor oder baten mich bei Kreuzworträtseln um Hilfe und redeten und redeten. Sie erzählten mir irgendwelche Geschichten und lasen Nachrichten von meinen Brüdern, anderen Verwandten, meinen Freunden und deren Familien und allen anderen, die davon erfahren hatten. Wir entwickelten eine Methode, mit der ich versuchen konnte, mich zu verständigen: Sie sagten das Alphabet auf, und wenn sie zu dem richtigen Buchstaben kamen, gab ich einen Laut von mir. Dann fingen sie für den nächsten

Buchstaben wieder von vorn an usw. Die einzelnen Buchstaben schrieben sie auf und lasen das Wort dann vor, sobald es komplett war. Gut, dass wir so viel Zeit hatten, uns zu »unterhalten«. Es dauerte fünfundvierzig Minuten, bis sie für ein Quiz über britische Köche James Martin ausbuchstabiert hatten. Als ich wusste, dass die nächste Antwort Antony Worrall Thompson gewesen wäre, schwieg ich lieber.

Bis heute wundert es mich, wie wenig meine Eltern sich den Stress und die Furcht anmerken ließen, die sie quälten, während sie an meinem Bett saßen, mich unterstützten und liebten. Später erzählten sie mir – weil ich sie danach fragte –, wie trostlos und erschreckend jene ersten Tage gewesen waren. Sie befanden sich allein in einem Land, dessen Sprache sie nicht beherrschten, wussten nicht, ob ich es schaffen würde, und lebten von einer Horrormeldung zur nächsten. Zu Hause hatten sie alles stehen und liegen lassen, meinen jüngeren Bruder anderen anvertraut, sich nicht um ihre Jobs gekümmert, und sie mussten damit fertigwerden, dass von nun an das Leben nie mehr so sein würde wie vorher. Es zeugt von ihrer Stärke als Individuen und als Paar, dass sie diese Tage durchgestanden haben. Ich finde außerdem bemerkenswert, dass sie niemals zusammenbrachen. Daraus habe ich so viel gelernt: dass man sich mit der Liebe anderer

Menschen, wer auch immer sie sein mögen, der Finsternis stellen und durch sie hindurch auf die andere Seite blicken kann.

Als das hohe Fieber und das Trauma in Folge der ersten Operation nachließen, gab es eine letzte Chance, meinen Nacken zu retten. Diesmal würde man es durch den Rücken versuchen. Ich sehe noch die Deckenlampen vor mir, als man mich in den Operationssaal schob. In dem Teil des Krankenhauses, in dem ich lag, war alles hightech und blitzblank, aber der Rest war in einem ehemaligen alten Kloster untergebracht. Während man mich durch diese Korridore rollte, dachte ich: *Wenn ich aufwache und wieder gehen kann, werde ich nie wieder irgendetwas für selbstverständlich halten.*

Die Operation war insofern ein Erfolg, als es den Chirurgen diesmal gelang, meinen Nacken gerade auszurichten, indem sie den beschädigten Wirbel mit Schrauben und Drähten an seiner richtigen Position fixierten. Meinem Hals würde nichts weiter passieren, was ein entscheidender Faktor für alle weiteren Fortschritte war. Als ich aufwachte, merkte ich jedoch nicht, dass sich irgendwas geändert hatte. Mein Zustand war im Großen und Ganzen wie vorher – fiebrig und unbeweglich –, nur dass ich mir nicht ganz sicher war, was das bedeutete. Als meine Eltern beide das Zimmer verließen, um mit dem

Arzt zu sprechen, erzählte mir ein Pfleger, der meine Vitalfunktionen kontrollieren sollte, dass ich meine Arme und Beine nie wieder würde bewegen können. Da dachte ich: *Was? Das ist doch Wahnsinn.* Ich konnte nicht verarbeiten, was er sagte, und glaubte nur, das könne doch nicht möglich sein. Rückblickend habe ich mich so wohl selbst vor dem Schrecken seiner Worte beschützt und sie zu der wahnsinnigen Masse von Gedanken abgeschoben, die mir durch den Kopf gingen. Erst viel, viel später konnte ich seine Worte in ihrer wahren Bedeutung erfassen.

Nachdem das portugiesische Ärzteteam meinen Wirbel fixiert hatte, gab es nicht mehr viel, was man kurzfristig dort für mich tun konnte. So brauchte ich mich nur so weit zu erholen, dass man mich nach Hause fliegen konnte. Langsam schaffte ich es aus den Fieberschüben und Albträumen, der Panik und Verzweiflung – manchmal sogar schon länger als nur für ein paar Sekunden. Wenn ich jetzt an das Trauma und die Qual zurückdenke, gab es doch auch glückliche Momente, vor allem als ich mir eine DVD vom Rugby-Weltcup-Finale 2003 mit meinem Dad ansah. Abends, wenn es auf der Station ruhig war und meine Eltern kurz rausgegangen waren, um irgendwas zu essen, durchlebte ich in dem wenigen Schlaf, den ich fand, fiebrige Träume und alle möglichen seltsamen Halluzinationen.

2

Die großen kleinen Dinge

Der Transport von Portugal nach England war traumatisch, wobei ich damals gar nicht so richtig mitbekam, wie traumatisch. Weder meine Eltern noch ich wussten damals, dass ich nicht nur MRSA und eine Lungenentzündung hatte, sondern auch eine verschleppte Sepsis. Zuerst weigerten sich der Pilot und der ärztliche Betreuer, mich in meinem schlechten Zustand überhaupt mitzunehmen, doch dank des Verhandlungsgeschicks der portugiesischen Ärzte ließen sie sich schließlich doch dazu überreden, uns nach Hause zu fliegen. Ich war während der Reise stark sediert worden, aber das hielt mich nicht von heftiger Übelkeit und mehreren Panikattacken während des Flugs ab.

Nach der Ankunft in dem auf die Behandlung von Rückenmarksverletzungen spezialisierten Stoke Mandeville Hospital in Buckinghamshire wurde ich in einen Nebenraum der Intensivstation verlegt. So weit entfernt wie möglich von anderen Patienten, damit ich diese nicht ansteckte. Das Erste, woran ich mich erinnere, ist, dass ich in einem kleinen dunklen Zimmer ohne Fenster oder Tageslicht aufwachte. Seit dem Tag am Strand vor zweieinhalb Wochen hatte ich die Welt da draußen nicht mehr gesehen, und deshalb sehnte ich mich nach natürlichem Licht. Doch ich war an die üblichen unzähligen Maschinen angeschlossen, und Schläuche führten überall hinein und hinaus. Zumindest hatte ich, bevor ich

Portugal verließ, noch eine Tracheotomie erhalten. Das bedeutete, dass ich nicht mehr über einen Schlauch in meinem Mund mit dem Beatmungsgerät verbunden war, sondern durch einen kleineren Schlauch, der vorne in meinem Hals steckte. Dadurch konnte ich ein wenig sprechen, auch wenn man ganz nah herankommen – also praktisch das Ohr über mein Gesicht halten musste –, um zu hören, was ich sagte. Außerdem trieb mich das Ticken des Schrittmachers nicht mehr in den Wahnsinn, denn er befand sich nun unter der Haut neben meinem Schlüsselbein.

Nachdem ich also wieder zurück in Großbritannien war, wollte ich meine Brüder sehen. Nie war ich so lange ohne mindestens einen von ihnen gewesen, und ich brauchte ihre Kraft, ihre Unerschütterlichkeit an meiner Seite. Wir stehen uns unglaublich nahe, wetteifern heftig miteinander und sind wie durch ein unsichtbares Band verbunden, egal wo wir uns befinden, egal was wir gerade tun. Wie schon erwähnt sind wir alle sportlich – wir mögen Cricket, Schwimmen, Fußball, um nur ein paar Beispiele zu nennen –, aber wir waren schon immer verrückt nach Rugby. Unser Dad hat uns dazu inspiriert, denn er spielte schon vor unserer Geburt für ein lokales Team. Nachdem er zu seinem eigenen Erstaunen ein Viertel Team gezeugt hatte, vermittelte er uns allen die Liebe zu diesem wirklich wunderschönen Spiel. Und deshalb fingen wir an, draußen zu passen, zu kicken und zu tackeln, sobald wir laufen konnten, was schnell in einem leidenschaftlichen Gerangel endete. Sobald wir alt genug waren, bildeten Will und ich ein Team gegen Tom und Dom, meistens im Garten, aber manchmal auch auf dem Kies vor dem Haus. Meist kam es zu Streiterei und Geheul, aber egal was am Vortag passiert war, es galt als erledigt, wenn wir nach der Schule wieder nach draußen stürmten, um weiterzuspielen. Das viele Scrumming, das sogenannte Gedränge beim Rugby, machte sich bezahlt, denn als wir älter wurden, spielten wir alle für unsere Schule, für die hiesige Rugby-Mannschaft und zu verschiedenen Zeiten für Hertfordshire, London und die South-East Division.

Zum Zeitpunkt meines Unfalls absolvierte mein ältester Bruder Tom gerade sein letztes Jahr an der Bournemouth University im Fach Werbung. Will, der als Profi Rugby spielt, war gerade aus einem Trainingslager in Südafrika zurück, um sich am Knöchel operieren zu lassen. Ich hatte die beiden und auch meinen jüngsten Bruder Dom, der sich gerade im ersten Jahr der Mittelstufe befand, seit über drei Wochen nicht gesehen. Endlich war es so weit.

Bis jetzt hatte ich nicht viel gefühlt. Mein Inneres war wie abgeblockt gewesen. Seltsam. Es kam mir vor, als läge ich zwar hilflos in meinem Bett, aber irgendwie auch, als wäre ich gar nicht da. Ich bekam so starke Medikamente und mein Körper war dermaßen traumatisiert, dass ich mich quasi in einem anderen Bewusstseinszustand befand. Als würde ich halluzinieren, nicht deutlich sehen, was passierte, oder kaum etwas empfinden, weder körperlich noch seelisch. Doch als meine Brüder zum ersten Mal das Zimmer betraten, meldete sich irgendwie mein Realitätssinn zurück, und ich sah mich mit ihren Augen: meine absolute Hilflosigkeit. Da brachen wir alle in Tränen aus. Um den Heulchor komplett zu machen, fingen meine Mutter, die Pflegekräfte und der Arzt auch noch an. Wenn ich jetzt daran denke, geht mir das immer noch nahe.

Aber unsere Tränen waren auch nicht nur traurig. Immerhin waren wir zusammen. Als ich mit dem Gesicht nach unten im Meer trieb und nachdem mein Herz in Portugal so oft ausgesetzt hatte, hätte ich durchaus auch draufgehen können. Aber ich war hier: zurück in England und wieder mit meinen Brüdern vereint. Ich war am Leben, und auch wenn ich nicht strampeln konnte, so doch zumindest ganz; mein Herz schlug noch. Es war so, als würden ihre Tränen und stürmischen Umarmungen mir jede Menge Lebenskraft geben. In diesem Moment, mit all meinen Brüdern an meiner Seite, wusste ich, dass ich das hier überleben würde. Wir waren schon immer ein Team gewesen – und wir würden eines bleiben. Ich sah, wie schwer es meiner Mum an jenem Tag fiel, sie ins Krankenhaus zu bringen, wo sie mich in diesem Zustand sahen. Aber ich erkannte auch, dass sie ihr und meinem Dad jetzt, wo sie quasi mit an Bord waren, auch durch diesen Albtraum helfen würden.

Man kann nicht ewig weinen, und nachdem ich meine Brüder genauer betrachtet hatte, musste ich sogar lachen. Ich war offenbar nicht als Einziger in Schwierigkeiten. Will trug nach seiner OP immer noch einen riesengroßen gepolsterten Stiefel, und anscheinend konnte auch Dom nicht normal laufen. Ich hatte nicht gewusst, dass er sich den Fuß an einer Glasscherbe geschnitten und die Wunde sich entzündet hatte. Deshalb war sein Fuß jetzt bandagiert, und er humpelte an Krücken. Wie immer auf Wettbewerb aus, kamen wir zu dem Schluss, dass ich als derjenige, der sich gar nicht bewegen konnte, in Sachen Invalidität eindeutig der Sieger war. »Okay, H, das muss man dir lassen.« Und damit konnten wir, zumindest für den Moment, unsere Tränen trocknen und zu unseren normalen Scherzen zurückkehren.

Während ich meinen Brüdern so zuhörte, merkte ich, dass Will alle paar Minuten über meinen Fuß strich. Später erklärte er mir, der Physiotherapeut habe Dom geraten, seine Sehnen zu massieren, damit ihre Beweglichkeit nicht verloren ginge. Will dachte sich deshalb, wenn er das bei mir machte, würde ich vielleicht doch irgendwann etwas spüren, und alles würde wieder gut. Ich merkte dadurch, dass ich selbst in diesen dunklen Momenten meines Lebens Dinge komisch finden und Kraft von den Menschen aus meiner Umgebung ziehen konnte. Es war fantastisch, ihre Stimmen zu hören, sie um mich zu sehen, jede Geste und jeder vertraute Ton half mir in meiner so völlig unvertrauten Situation. Das machte mir nur noch deutlicher, wie wichtig die Unterstützung anderer für mein gefährdetes Leben war.

Von da an kamen mich während der gesamten Zeit im Stoke Mandeville täglich einer oder mehrere meiner Brüder besuchen. Auf der Intensivstation war ich weder mental in der Lage, jemand anderen als engste Angehörige zu sehen, noch war es erlaubt. Wegen der Staphylokokken- und anderen Infektionen ging es mir zeitweise so schlecht, dass sie sich strengen und zeitaufwendigen Vorsichtsmaßnahmen unterziehen mussten, bevor sie auch nur mein Zimmer betreten durften: gründliches Händewaschen mit Unmengen eklig riechendem Desinfektionsmittel; manchmal mussten sie sogar Handschuhe und Mund- und Nasenschutz tragen. Aber das hinderte sie nicht. Im Krankenhaus war die Zahl der Besucher eigentlich streng limitiert, aber die Ärzte und Pflegekräfte waren immer nachsichtig, wo es ging, und ließen meine Brüder gemeinsam zu mir, selbst wenn meine Eltern dadurch länger in dem trostlosen »Familienzimmer« warten mussten, bis sie an die Reihe kamen.

Trotz der Anwesenheit meiner Familie waren die ersten Tage auf der Intensivstation nicht leicht. Zu Beginn lag ich, anders als in Portugal, wo ich den Großteil des Tages in einem verstellbaren Bett aufgerichtet verbracht hatte, hier ganz flach da und durfte überhaupt nicht aufgerichtet werden, um meinem Nacken nicht noch mehr zu schaden. Das empfand ich als unerträglich, aber noch schlimmer war, dass ich alle paar Stunden gekippt werden musste, um mich nicht wund zu liegen. Dazu fixierte man mich am Bett und drehte dieses dann leicht schräg. In meinem Kopf fühlte sich das wie eine Wahnsinns-Schieflage an, weshalb ich überzeugt war, herunterzufallen. Jedes Mal wenn eine Schwester das machte, bekam ich Panik und dachte: *Nein, das halte ich nicht aus.* Es dauerte vier lange Tage, bis man damit einverstanden war, mich in ein verstellbares Bett zu legen. Als es so weit war, kriegte ich es wieder mit der Angst zu tun. Dabei musste das Pflegepersonal nichts weiter tun, als eine Trage unter mich schieben und mich so von einem Bett ins andere gleiten lassen, aber in meiner chaotischen Vorstellung war das ein ausgesprochen traumatisches Ereignis. Ich bekam Medikamente, um mich zu beruhigen, und am Ende hatte es sich absolut gelohnt, denn von dem neuen Bett aus konnte ich das Zimmer sehen, auf Augenhöhe mit jedem sein, der reinkam, und endlich auch mal fernsehen.

Die Nächte waren furchtbar. Nachdem die Schwestern oder Pfleger mich gewaschen und mir die Zähne geputzt hatten, nachdem mein Dad – der jeden Abend sehr lange blieb – mir Gute Nacht gesagt hatte, bekam ich über meine Magensonde eine ordentliche Menge Schlafmittel verpasst. Doch weil mein Kopf Überstunden machte, arbeitete er heftig dagegen an. Alle Arten von seltsamen Gedanken beschäftigten mich; komische Träume störten den wenigen Schlaf, den ich fand. Während jeder so oft unterbrochenen Nacht versuchte ich, mich auf den nächsten Tag zu konzentrieren, wenn wieder jemand bei mir sein und ich so weit zur Ruhe kommen würde, dass ich einnickte. Jeden Morgen erschien meine Mum schon früh, während der Rest der Familie später auftauchte. Sie staffelten ihre Besuche so, dass immer jemand bei mir war – Dom tauchte nach der Schule auf und machte manchmal seine Hausaufgaben, während ich schlummerte; mein Dad erschien nach der Arbeit, Will nach dem Training, und an den Wochenenden kam Tom aus Bournemouth, sodass wir vollzählig waren. Ich liebte das.

Und mir gefiel auch, dass das Leben draußen für meine Brüder weiterging. Nie bekam ich genug davon, von der Schule, der Uni, den Saracens, Ausgehen am Abend, Mädchen, Klatsch und Tratsch zu hören. Sie zensierten nie, was sie mir erzählten, und das wusste ich zu schätzen. Wir hatten alle nie ein Blatt vor den Mund genommen und wollten jetzt nicht damit anfangen. Zusammen schauten wir eine Menge Fernsehen: endlose Folgen von *Come Dine with Me* (der Originalversion von *Das perfekte Dinner*) und *Simpsons.*

Seit meinem Unfall hatte ich weder gegessen noch getrunken und wurde über eine Sonde ernährt und hydriert. Ich hatte keinen Hunger verspürt, weshalb es mir nicht so viel ausmachte, nichts zu essen, aber dass ich nicht mal Wasser trinken durfte, machte mich fast verrückt. Weil meine Halsmuskulatur nicht funktionierte, hatte man die Befürchtung, ich könne mich verschlucken; dieses Risiko wollte niemand eingehen. Aber als ich immer weiter über Durst klagte, bekam ich eines Nachmittags schließlich einen Schwamm an einem Stiel, der in ein Glas Wasser getaucht wurde und an dem ich saugen durfte. Die Linderung war riesig. Mir wurde bewusst, dass ich nie zuvor in meinem Leben richtig durstig gewesen war – Wasser, sauber und unproblematisch, war immer in Reichweite gewesen. In diesem Moment der Erleichterung wusste ich die Dinge, die ich immer für selbstverständlich gehalten hatte, auf einmal zu schätzen. Der Geschmack dieses ersten Tropfens Wasser war so herrlich, dass ich, wenn auch nur kurz, an die Schönheit des Lebens an sich dachte. Eine weitere neue Erfahrung zusätzlich zu all den anderen. Etwas zu wissen, das ich vorher nicht gewusst hatte, bedeutete, dass ich es nie wieder »nicht wissen« konnte. Diese Einsicht bewegte mich sehr, während ich meinen schlimmen Durst mit ein paar weiteren Tropfen köstlichen Wassers zu stillen versuchte.

An einem Sonntag zu der Zeit, als ich noch auf der Intensivstation lag, durften meine Cousinen und Cousins mich besuchen. Das war eine große Sache, weil bis dahin abgesehen von einem sehr aufwühlenden Besuch meiner Großeltern sonst noch niemand die Erlaubnis dazu bekommen hatte. Doch an jenem Morgen flammten all meine Erkrankungen und Infektionen erneut auf. Das Timing hätte gar nicht schlechter sein können. Ich merkte, dass es mir schlecht ging, weil meine Zähne klapperten und meine Temperatur trotz der Kälte, die ich empfand, durch die Decke ging und meinen persönlichen Rekord von 41 Grad Celsius erreichte. Wenn ich früher gefiebert hatte, war das keine große Sache gewesen, weil so eine Temperatur ja helfen kann, den Körper gegen Infektionen zu schützen, aber 41 Grad konnten meine

Organe, meine Zellen, ja mein Leben bedrohen. Es bestand die Gefahr, dass ich ins Koma fiel. Meine Verletzung bewirkte, dass ich meine Körpertemperatur nicht kontrollieren konnte, und das ist bis heute so. Daher ist die einzige Möglichkeit, meinen Körper zu kühlen, dass man mich zwischen Eisbeutel packt. Diesmal fühlte ich mich richtig schlecht. Und das nicht nur wegen der Infektionen, sondern auch weil meine Cousinen und Cousins schon nach ein paar Sekunden wieder gehen mussten. Das Letzte, was ich wollte, war, die Menschen vor den Kopf zu stoßen, die mir beistehen wollten. Ich war dermaßen fiebrig und durcheinander im Kopf, dass mir das extrem zu schaffen machte.

Wenn meine Cousinen und Cousins früher zu Besuch kamen, verbrachte ich immer gern Zeit mit ihnen. Ich mochte meine Verwandtschaft schon immer gern. Das Gefühl, sie enttäuscht zu haben, nachdem sie so weit hergefahren waren, nicht alles getan zu haben, um sie eine Weile an meinem Bett zu haben, das war schwer für mich. Ich fühlte mich schuldig, und auch wenn ich heute weiß, dass es am Fieber lag und an der sehr frühen, wahrscheinlich noch unterbewussten Einsicht, dass ich mich von Kontrolle und Wahlmöglichkeiten, die ich früher besessen hatte, verabschieden musste, war das ein harter Moment. Tief in meinem Inneren wusste ich auch, dass sie genauso gekommen waren, um meine Eltern zu unterstützen, was sie ja trotzdem tun konnten. Aber ich war es eben nicht gewohnt, Menschen zu enttäuschen, und so versank ich fiebernd in finsteren Gedanken und Sorgen.

Sobald das Antibiotikum wirkte, sank meine Temperatur, aber kaum war eine Sache ausgestanden, gab es schon etwas anderes. Den Tag, als mein Beatmungsgerät ausgetauscht wurde, fand ich brutal. Ich hatte mich schon an das riesige unbewegliche Ding gewöhnt, das in einer Ecke stand und vor sich hin keuchte und klackte, während es für mich atmete, aber wenn ich das Zimmer verlassen sollte, musste ich an ein kleineres, transportables Gerät angeschlossen werden. Erstens gelang es mir einfach nicht, meine Atemzüge damit in Einklang zu bringen. Ich war sogar davon überzeugt, dass es gegen mich arbeitete, was mich mal wieder in Panik versetzte. Es fühlte sich an, als würde etwas meine Kehle blockieren, fast als triebe ich wieder kurz vor dem Ertrinken im Meer. Es war furchtbar und dauerte eine Weile, bis ich mich daran gewöhnt hatte, aber sobald ich das geschafft hatte, schöpfte ich neuen Lebensmut. Nicht nur weil ich jetzt wieder fast normal sprechen konnte, sondern auch weil es ein weiterer Schritt weg von der Intensivstation war.

Zu dem Zeitpunkt durften mich die Freunde besuchen, mit denen ich im Urlaub gewesen war, als der Unfall passierte. Marcus kam als Erster und dabei flossen viele Tränen. Meine Mum hatte ihn am Bahnhof abgeholt und versucht darauf vorzubereiten, was er gleich sehen würde. Aber ich denke, Worte reichen für so was nicht aus. Meine körperliche Mobilität war genauso weg wie zu dem Zeitpunkt, als er mich am Strand und in Lissabon gesehen hatte. Nur, dass ich jetzt auch noch an allen möglichen Maschinen hing, die mich am Leben hielten. Meine Freunde hatten wegen mir einiges durchgemacht, und es nahm mich ziemlich mit, sie wiederzusehen. Erst später, als ich besser sprechen, mich leichter verständlich machen und etwas klarer denken konnte, verstand ich, was passiert war, nachdem man mich vom Strand weggebracht hatte. Ich merkte Marcus an, dass es ihm immer noch zu schaffen machte, dass er nicht mit mir im Hubschrauber hatte mitkommen dürfen, sodass ich die ersten Stunden und die Nacht allein hatte verbringen müssen. Aber ich versicherte ihm, dass man sich gut um mich gekümmert hatte. Und meine Eltern waren ja bereits am nächsten Tag eingetroffen. Wenn ich jetzt so darüber nachdenke, hatten meine Freunde ebenfalls eine große psychische Last zu tragen. Wir waren ja noch jung, und die meisten von uns hatten noch nie mit irgendwelchen lebensverändernden Ereignissen zu tun gehabt. Die Unterstützung untereinander, durch ihre Familien, unsere Schule und meine Familie half wirklich – und war wieder mal ein Beispiel dafür, wie lebenswichtig Netzwerke in schwierigen Situationen sein können. Es rührte mich auch, wie besorgt die portugiesischen Freunde von Marcus und Hugo gewesen waren und welche Mühe sie sich gegeben hatten, mich zu finden, nachdem ich damals vom Strand weggeflogen worden war.

Meine Zeit auf der Intensivstation war wirklich eine Achterbahn der Gefühle und der körperlichen Anpassung an die Situation. Die Infektionen, mit denen mein Organismus zu kämpfen hatte, waren viel lebensbedrohlicher, als uns überhaupt bewusst war. Erst eine ganze Weile später ließ man uns wissen, dass es Phasen gegeben hatte, in denen die Ärzte befürchteten, dass ich es nicht schaffen würde. Ich denke also, dass ich unbewusst einen Großteil meiner Energie darauf verwandte, am Leben zu bleiben. Außerdem hatte ich mit einer Menge Gefühlen zu tun, die mich vorher kaum betroffen hatten. Praktisch jedes Mal wenn mich jemand besuchen kam, wurde irgendwann geweint. Als typischer abgehärteter Sportsmann hatte ich jedoch meine Gefühle früher nie so offen zum Ausdruck gebracht. Anfangs machte es das schwer; ich fürchtete mich ein bisschen und versuchte, das Weinen zu unterdrücken. Aber nach einer Weile empfand ich es als so wahrhaftig und natürlich, dass ich aufhörte, mir darüber Gedanken zu machen. Mich der Dunkelheit zu stellen, indem ich meinen Gefühlen erlaubte, mich dorthin zu bringen, das war hart, aber auch irgendwie kathartisch. Bis heute kann ich aufgrund dieser Erlebnisse besser mit so etwas umgehen.

Es war auch während der Zeit auf der Intensivstation, dass ich die Karten und Nachrichten zur Kenntnis nahm, die praktisch ab dem Moment eingegangen waren, als die Nachricht von meinem Unfall die Runde machte. Solange ich noch in Portugal war, hatten Freunde und Verwandte an meine Eltern zu Hause geschrieben, aber jetzt, als ich im Stoke Mandeville war, kamen die meisten Karten direkt zu mir ins Krankenhaus. Zu der Zeit, als ich noch in der Horizontalen auf dem Rücken liegen musste, bekam ich die schiere Menge gar nicht so mit, aber sobald man mich aufgerichtet hatte, konnte ich sehen, wie es jeden Tag mehr wurden. Meine Familie pflasterte damit die Regale, die Wände und jede freie Fläche. Erstaunlich, dass all diese Leute an mich dachten. Und nicht nur dachten, sondern sich die Zeit nahmen, mir zu schreiben, Bilder zu malen und Geschenke zu schicken. Die Mühe, die sich manche gemacht hatten, beschämte mich geradezu. Und jede einzelne Karte verstärkte das Gefühl, das die davor mir vermittelt hatte.

Auf fast jeder Karte stand irgendeine Botschaft für mich, Worte des Trosts, der Hoffnung oder Zuneigung, und ich nahm sie mir alle zu Herzen. Es überraschte mich, was für unterschiedliche Menschen das waren – Freunde und Verwandte natürlich, aber auch Freunde von Freunden, Lehrer, Eltern und Kinder meiner früheren Grund- und Mittelschule, Mitglieder meiner alten Rugbymannschaft, von denen ich einige nie persönlich kennengelernt hatte, aber auch Nachbarn oder vollkommen fremde Leute. Vorher hatte ich mir noch nie Gedanken über eine konkret fassbare Gemeinschaft um mich herum gemacht, aber die Tatsache, dass so viele Leute sich meldeten, mir ihre guten Wünsche überbrachten sowie meine Eltern und Brüder unterstützten, das war wirklich überwältigend. Daran erkannte ich, wie freundlich die Menschen sind und dass wir, wenn es drauf ankommt, wirklich nur einander haben. Freundschaft pflegen und andere während harter Zeiten unterstützen, das ist wirklich das Allerbeste, wozu Menschen imstande sind.

Ich las all die positiven Nachrichten, die ich erhielt, wieder und wieder und sog sie regelrecht in mich auf. Zu jeder Tageszeit hatte ich eine Nachricht oder einen guten Wunsch im Blick; das schien meinen Hunger nach Besserung und Hoffnung auf die Zukunft zu stillen. Eine Karte stammte von einem Schulfreund, und sie begann mit einem Zitat des heiligen Franz von Assisi – Tu erst das Notwendige, dann das Mögliche, und plötzlich schaffst du das Unmögliche. Das pflanzte einen kleinen Samen des Möglichen in mir. Wie auch andere Freunde schrieb er mir, dass er an mich denke und jederzeit für mich da sei; dass er davon überzeugt sei, meine Kraft würde mich das durchstehen lassen. Das war natürlich nett, aber das Franz-von-Assisi-Zitat ging mir gar nicht aus dem Kopf. Ich lag so da und dachte über seine Bedeutung nach. Wie es in meiner jetzigen Verfassung auf mich anwendbar war. Schließlich wurde es mein Mantra in diesen ersten, sehr emotionalen Tagen.

Ich fand es auch sehr tröstlich, wenn jemand Liebe oder Zuneigung zum Ausdruck brachte. Es war geradezu erfrischend für mich, wirklich darüber nachzudenken, was Worte bedeuteten. Wie wahrscheinlich ganz viele hatte ich früher Geburtstagskarten oder Romane und Gedichte für die Schule gelesen, aber mir über deren wahre Bedeutung kaum Gedanken gemacht. Jetzt waren Worte alles für mich, und die Inspiration, die ich noch aus den einfachsten Ausdrücken gewinnen konnte, war schon erstaunlich. Das Gleiche passierte, wenn ich so in meinem Bett lag und Menschen um mich herum zuhörte, ihren Worten, ihrem Schweigen, den gestammelten Sätzen, wenn sie mich das erste Mal sahen. Ich lernte, hinzuhören und zu verstehen, was meine Freunde, meine Familie, die Ärzte und das Pflegepersonal sagten oder nicht sagten. Ich lauschte sogar auf die Rhythmen der Apparate, die mich am Leben hielten. Immer gab es etwas, das ich wahrnehmen, auf das ich mich einlassen und worüber ich später nachdenken konnte.

Es gab so viele inspirierende Worte. Eine Freundin meiner Mum schrieb: »Fleisch und Blut haben eine körperliche Bedeutung, aber Liebe, Mut und Leidenschaft bilden die eigentliche Seele unseres Selbst.« Sie erklärte mir ihre Überzeugung, wonach das Leben sich von innen nach außen entwickelt. »Schau auf das, was du in dir drin bist«, schrieb sie, »und nimm wahr, was du in diesen letzten paar Wochen erreicht hast.« Wenig später erhielt ich eine Karte von den Klassen in der Junior School, deren Tutor ich gewesen war. Die Kinder hatten lauter handgeschriebene Zettel hineingelegt. Ihre Botschaften waren herrlich: »Ich hoffe, der Unfall wird dich nicht für den Rest deines Lebens verfolgen«, schrieb ein Junge, während ein anderer meinte, mein »Lebenswille ist zum Staunen, und auch dass du weiter gute Sachen machen und niemals aufgeben willst«! Jemand, dem es nicht gut geht, eine Karte zu schreiben, das ist für die meisten Menschen nicht so ungewöhnlich, aber mich bewegten diese an mich gerichteten Worte jedes Mal. Es kamen ständig neue Karten, und ich habe sie alle aufgehoben.

Die Liebenswürdigkeiten beschränkten sich nicht auf mich. Wochenlang hinterließen Leute Essenspakete vor unserer Haustür – komplette fertige Mahlzeiten, damit meine Mum nach einem langen Tag im Krankenhaus nicht mehr kochen musste und mein Dad und meine Brüder etwas Ordentliches in den Magen bekamen, bevor sie die Abende mit mir verbrachten. Ich durfte immer noch nichts essen, aber es freute mich, dass die anderen so verwöhnt wurden. Manchmal, wenn meine Mum beim Nachhausekommen etwas zu essen vorfand, war es für sie, als hätte die pure Freundlichkeit es herbeigezaubert.

Ich kann wirklich behaupten, dass diese großen kleinen Dinge mich in diesen dunklen Zeiten gerettet haben. Zu wissen, dass Menschen hinter mir standen, trieb mich an, so gesund wie möglich zu werden. Es war fast, als wären sie in meinem Kopf präsent, all diese Menschen, die mir kollektiv Besserung wünschten. Ich wollte ihnen zeigen, wie sehr ihre Unterstützung mir half. Wenn ich heute zurückblicke, war es zweifellos der Wunsch, diese Liebenswürdigkeit zu erwidern, der anfangs meine Genesung vorantrieb. Von den kürzesten Botschaften – wünsche dir gute Besserung, denke an dich, hoffe, dich bald wiederzusehen – über längere Nachrichten und Briefe, die detailliert von Gedanken und Gebeten für mich und meine Familie erzählten, bis hin zu Lieblingssongtexten oder -gedichten, die andere in schwierigen Zeiten inspiriert hatten, den Karten mit ausgeschnittenen Artikeln über

Patienten, die auf wundersame Weise genesen waren, und den Geschenken und Päckchen sowie dem leckeren Essen vor unserer Haustür: Es waren all diese Dinge, jedes einzelne davon, die sich eins aufs andere fügten und so eine Leiter aus Aufmerksamkeiten bildeten, die ich langsam hinaufzuklettern begann.

Als meine Infektionen nach und nach abklangen und ich mich an mein neues Beatmungsgerät gewöhnte, war die Rede davon, mich von der Intensivstation auf die Station St. Andrew, die für die Aufnahme von Notfällen da war, zu verlegen. Dort könnte ich von der Sonden-

Zeit für Physio im Krankenhaus

ernährung entwöhnt werden, um wieder richtig zu essen. Ich könnte mit Physiotherapeuten arbeiten, um das Beatmungsgerät loszuwerden und wieder selbstständig zu atmen. Sogar von einem Rollstuhl war die Rede. Ich konnte es kaum erwarten.

3

Aufgeben ist nur eine Option

Das Erste, was ich bemerkte, als man mich auf die St.-Andrew-Station verlegte, war das Tageslicht. Nachdem die Pfleger sichergestellt hatten, dass alle meine Maschinen funktionierten, konnte ich nicht aufhören, auf das Licht zu starren, das durch die Fenster am anderen Ende des Zimmers hereinfiel. Zum ersten Mal seit meinem Unfall vor viereinhalb Wochen den Himmel wiederzusehen, gab mir einen solchen Auftrieb, wie ich ihn bis heute nicht wirklich erklären kann. Es kam mir vor wie ein, wenn auch kleiner und komplizierter, Schritt in Richtung nach draußen.

Das Zweite, was mir auffiel, war eine andere Person in einem Bett schräg gegenüber von mir. Nachdem ich zuvor ein Zimmer für mich gehabt hatte – wenigstens ein Vorteil meiner Staphylokokken-Infektion –, war ich damit gar nicht glücklich und sagte das dem Pflegepersonal auch ziemlich deutlich, aber man zeigte kein großes Mitgefühl. Nach ein paar Minuten beruhigte ich mich. Schließlich hatte man uns nicht gerade in ein kleines Zimmer gequetscht. Soweit ich sehen konnte, waren wir nur zu zweit in diesem Vier-Bett-Zimmer. Trotzdem hatte ich mich inzwischen an meine Privatsphäre gewöhnt und wollte nicht rund um die Uhr mit einem fremden Menschen zusammen sein. Noch dazu mit jemand, der mir meine eigene Situation quasi spiegelte: hilflos in einem Bett und von Apparaten umgeben.

Zum Glück hatte dieser Fremde eine andere Einstellung als ich. Als die Vorhänge weggezogen wurden, begrüßte er mich so freundlich, dass ich mich, auch wenn meine Stimme nur mit Mühe bis zu seinem Bett hinüberdrang, ihm vorstellte. Meine Mum zeigte sich sofort nett und interessiert, und so erfuhren wir im Laufe des Nachmittags Dans Geschichte: Er war einundzwanzig und auf seinem Motorrad von einem Auto angefahren worden. Der Aufprall war so heftig gewesen, dass einer seiner Lungenflügel durchbohrt wurde und sein Herz im wahrsten Sinne des Wortes zur Seite gekippt war. Die Ärzte mussten seinen Brustkorb öffnen, um das Herz zu retten. Weil es zeitweise so schlimm um ihn stand, hatte man seinen Eltern gesagt, sie sollten Abschied von ihm nehmen. Doch dann hatte ihn das Geschick des Ärzteteams gerettet, und jetzt befand sein Herz sich wieder an der richtigen Stelle. Er würde zwar nie wieder laufen, konnte aber seine Arme benutzen. Auch ihn hatten Infektionen geplagt. Die zweihundert Stiche auf seiner Brust hatten zum Heilen eine Ewigkeit gebraucht. Jetzt erholte er sich gerade von der Operation an einer entzündeten Druckstelle wegen seiner langen Bettlägerigkeit. Er erkundigte sich nach meinem Unfall und war davon, was mir passiert war, so betroffen, dass ich mich schrecklich für meine ersten Gedanken schämte, als ich ihn im Zimmer bemerkt hatte.

Als mein Dad an diesem Abend auftauchte, gerade frische Luft durch die offenen Fenster hereinwehte – auch wenn das Beatmungsgerät sie noch für mich einatmen musste – und der lange Augusttag erst ganz allmählich zu Ende ging, spürte ich, dass sich etwas verändert hatte. Ich erkannte dieses Gefühl als Dankbarkeit – für alles, was ich bis jetzt als selbstverständlich betrachtet hatte: frische Luft, die Sonne, die Zuneigung meiner Angehörigen, Freundschaftsangebote von Menschen, die ich noch nicht gut kannte. Heute bin ich überzeugt davon, dass eine der wichtigsten Emotionen zur Stimmungsaufhellung Dankbarkeit selbst für die geringsten Dinge ist. Auch wenn ich mich weiterhin nicht bewegen und ohne fremde Hilfe weder atmen noch essen konnte, meine eigene Blase und Verdauung nicht spürte, ja, in den einfachsten Dingen vollkommen hilflos war, empfand ich trotzdem eine riesengroße Dankbarkeit.

Und es war nicht allein Dankbarkeit. Ich glaube, es war auch eine körperliche Veränderung. Bis dahin war ich immer gern draußen gewesen, hatte Stunden auf dem Rugbyfeld zugebracht, war rumgelaufen und gejoggt. Aber anscheinend hatte ich die Schönheit der Natur, die Beschaffenheit der Luft und die Bedeutung des Sonnenlichts nie wirklich realisiert. Die körperliche Wohltat, die mir frische Luft und Sonnenschein an jenem Tag bescherten, war etwas, das meine Seele berührte.

Nachdem die Tage auf der St.-Andrew-Station allmählich an Konturen gewannen, begann ich, viel mit meinem Physiotherapeuten Scott zu arbeiten. Auf der Intensivstation hatten wir auch schon ein bisschen trainiert, aber jetzt wurden unsere Einheiten richtig tough. Wir hatten uns von Anfang an gut verstanden, mit seiner relaxten Aussie-Einstellung kam ich bestens klar. Seine griechisch-zypriotischen Wurzeln machten ihn meiner Mum sofort sympathisch. Schon in den ersten Tagen auf der Intensivstation schien er mich zu verstehen und arbeitete behutsam gegen meinen natürlichen Impuls an, etwas, das mir wahrscheinlich nicht gelingen würde, erst gar nicht zu versuchen. Nachdem er meine neue Einstellung zu dem, was möglich war, erkannt hatte, machte er sich mein wachsendes Bedürfnis nach Fortschritten, so klein sie auch sein mochten, und danach, mir etwas abzuverlangen, wie langsam es auch vorangehen mochte, zunutze. Er sprach mit mir immer über die Dinge, zu denen ich in der Lage war, nie über das, was ich nicht konnte, selbst wenn ich damals zu den Sachen, zu denen er mich bringen wollte, noch nicht in der Lage war.

Wie gering ein Fortschritt auch sein mag, er kann doch eine riesige Wirkung entfalten. Wenn man selbst die einfachsten Dinge wie selbstständiges Atmen, Schlucken oder Husten neu erlernen muss, dann muss man vorher reinen Tisch machen und von dem Punkt ausgehen, an dem man sich gerade befindet. Es half also nichts, an mein letztes Rugbymatch zu denken, als ich eine Wand aus Gegenspielern durchbrochen hatte und in hohem Tempo eine Riesenstrecke zurückgelegt hatte. Stattdessen musste ich zwar schätzen, was ich bisher getan hatte und es als Teil von mir bewahren, aber anstatt die Erinnerung negativ zu nutzen – *warum kann ich das jetzt nicht mehr?* –, musste ich mich auf die Jahre konzentrieren, in denen ich meine Kraft aufgebaut, mich selbst herausgefordert hatte, und diese Einstellung auf die kleinsten, einfachsten Tätigkeiten richten. Es war immer noch sehr früh, weshalb ich noch nicht ganz so weit war, aber Scott weckte meinen Wunsch, an der Besserung zu arbeiten, indem ich mich auf die winzigsten Schritte konzentrierte.

Nun sah ich zwar wieder den Sonnenschein, hatte aber seit meinem Unfall nichts mehr gegessen. Nachdem ich mich ja nicht mehr auf der Intensivstation befand, waren die Ärzte bereit, mich essen zu lassen, sofern ich mich nicht verschluckte. Der erste Schritt dorthin war der Austausch meiner Magensonde gegen eine viel dünnere. Es wundert mich immer noch, dass mir angesichts meiner schlimmen Verletzung ein so relativ kleiner und harmloser Eingriff derart zu schaffen machte. Die vorhandene Magensonde zu ziehen war schon unangenehm genug, aber wenigstens verlief die von meinem Magen zu meiner Kehle. Die neue durch meine Nase und die Kehle bis hinunter in den Magen zu schieben, war dagegen mit Würgereiz auslösendem Gestochere verbunden.

Eine Sprachtherapeutin, die auf Schluckbeschwerden spezialisiert war, half mir dabei, wieder schlucken zu lernen, ohne mich dabei zu verschlucken. Sie gab mir einen halben Keks, und obwohl es total seltsam war, den zu kauen und zu schlucken, gelang es mir. Hätte mir zu Beginn des Sommers jemand gesagt, das Schlucken eines halben Kekses würde eine derart große Sache sein und mich wie auch die Menschen in meiner Umgebung dermaßen beglücken, dann hätte ich wohl gelacht. Aber genauso war es. Ich freute mich still über diesen Fortschritt, der für jeden anderen eine winzige Kleinigkeit gewesen wäre.

Ein halber Keks bedeutete aber noch nicht, dass ich gleich mit fester Nahrung weitermachen konnte. Allerdings konnten wir jetzt die Sonde umgehen, indem wir mit püriertem Essen experimentierten. Als man mir eine Speisekarte brachte, war das so ähnlich wie die Sache mit dem Tageslicht vorher. Ich brauchte eine Ewigkeit, um mich zu entscheiden, und wählte schließlich Lachs mit Kartoffelpüree und Apfelkuchen als Nachtisch. Von allen Entscheidungen, die ich bis dahin getroffen hatte, war und ist bis heute die für Lachs meine schlechteste. Pürierter Lachs ist einfach widerlich. Ich hatte ihn kaum im Mund, als ich ihn auch schon ausspucken musste. Schrecklich. Mit dem Apfelkuchen erging es mir auch nicht besser.

Mum sah meine Enttäuschung, also schlug sie vor, mir Essen zu bringen, das ich mochte. Am nächsten Tag waren das Ofenkartoffeln, Baked Beans und Speck. Nachdem ich mich an die Konsistenz des Pürees gewöhnt hatte, schmeckte es mir so gut wie noch nie. Tagelang lebte ich ausschließlich von Ofenkartoffeln in unterschiedlichsten Varianten und bekam gar nicht genug davon, wieder richtiges Essen zu schmecken und zu schlucken. Ein weiterer kleiner Schritt auf dem Weg, aber einer, der mir unendlich viel bedeutete.

Nach ein paar Tagen, in denen ich problemlos Püriertes aß, wurde meine Magensonde entfernt. Dass wieder ein Schlauch weniger aus meinem Körper kam, fühlte sich so gut an. Es bedeutete auch, dass ich viel besser sprechen konnte – meine Stimme war deutlicher. Wieder so zu sprechen, dass man mich verstand, bedeutete für mich einen Riesenunterschied. Umso mehr freute ich mich über Besuch. Seit meiner Verlegung auf die St.-Andrew-Station besuchten mich viel mehr Leute, so dass meine Mum eine Art Sekretärin für mein Sozialleben wurde: Sie holte Besucher wenn nötig am Bahnhof ab und kümmerte sich darum, wer wann kam.

Meine Schulkameraden waren unglaublich: Jeden Tag tauchten drei oder vier nach der Schule auf. Von Dulwich im Südosten von London nach Stoke Mandeville sind es etwa achtzig Kilometer, aber immer fand sich nach dem Unterricht ein Auto oder sie nahmen den Zug nach London, um auf die andere Seite der Stadt zu kommen. Einer meiner Freunde kam sogar mehrmals pro Woche, um den Sportunterricht zu schwänzen, und meinte, sein Lehrer könne ja nichts dagegen sagen. Ein anderer kam jeden Mittwoch und blieb immer vom späten Vormittag bis spätnachmittags. Ich bekam auch Besuch von einigen Lehrern. So brachte mir mein Rugbytrainer das Shirt, das ich in der neuen Saison getragen hätte, mein ehemaliger Tutor brachte mir die Prüfungsergebnisse von vor dem Sommer. Und wenn es mal ein bisschen zu voll wurde oder meine Kumpel total ausgehungert waren, gab es immer Makkaroniauflauf, den meine Mum von Zuhause mitbrachte. Ihre Mum, also meine *yiayia,* hatte mein Unfall schwer getroffen, und sie tat, was alle griechischen Großmütter angesichts der Widrigkeiten des Lebens tun: Sie kochte, als hinge das Überleben meiner Familie davon ab.

Während es also nachmittags und abends von Besuchern wimmelte, verbrachte ich die Vormittage mit harter Arbeit. Nachdem ich jetzt nur noch den Beatmungsschlauch und ein paar Kanülen im Körper hatte, erklärte Scott mir, es sei an der Zeit, wieder selbstständig zu atmen. Er meinte damit mehrere Schritte, die mich, wenn ich durchhielt und mich entsprechend motivierte, vom Beatmungsgerät befreien und einem Rollstuhl näherbringen würden. Dann käme ich auf die Reha-Station und schließlich raus aus dem Krankenhaus.

Angesichts all dessen, was mit mir passierte, wurde mir immer deutlicher, was ich alles für selbstverständlich gehalten hatte. In meinen ruhigeren Momenten dachte ich darüber nach. Atmen war nichts, woran ich je auch nur einen Gedanken verschwendet hatte. Und die Vorstellung, von einer Maschine abhängig zu sein, die das für mich übernahm, war so ungefähr das Unheimlichste überhaupt. Was wenn das Beatmungsgerät ausfiel? Ich war wild entschlossen, davon loszukommen, damit ich allein atmen konnte, und deshalb begeistert von dem Programm, das Scott für mich entwickelt hatte. Bis dahin hatte ich schon ein Mundstück benutzt, um meine Atmung zu rhythmisieren und meine Lunge zu weiten. Anfangs war mir das schwergefallen, weil mein Gehirn anscheinend vergessen hatte, wie es mit meiner Lunge zusammenarbeiten sollte, aber ich lernte es wieder und machte Fortschritte – durch Übung, Entschlossenheit und Scotts Ermutigung. Nach ein paar Tagen mit diesem speziellen Lungentrainer koppelte er mich von meinem Beatmungsgerät ab, während ich in das Mundstück atmete. Erst nur für ein paar Sekunden, dann ein paar Minuten, bis ich meine Atmung wieder selbst regulieren konnte. Sobald er das Mundstück wegnahm, musste ich wieder an das Beatmungsgerät angeschlossen werden.

Nachdem es mit dem Atmen immer besser ging, benutzten wir einen sogenannten *Cough Assist,* einen Hustassistenten – eine Maschine, die mich wieder lehrte, zu husten. Noch etwas, das ich für selbstverständlich gehalten hatte. Denn wer weiß denn schon, wie bedeutsam und lebenswichtig die Fähigkeit zu husten ist, weil nur so Schleim aus der Lunge transportiert werden und so das Risiko einer Entzündung gesenkt werden kann? Seit meinem Unfall hatte sich schon eine Menge klebriges Zeug in meiner Lunge gesammelt, und das, weil ich es nun mal nicht raushusten konnte. Deshalb war mein nächster Schritt auf dem Weg zur selbstständigen Atmung, das Husten neu zu lernen. Anfangs war praktisch alles weg – die Vorstellung, wieder husten zu lernen, wäre mir ein paar Wochen zuvor noch unglaublich vorgekommen. Ein ziemlich verwirrender Prozess, an den ich mich erst gewöhnen musste: merken, wann man einatmen muss, nachdem ich das selbst so lange nicht mehr getan hatte. Die Maschine wurde mit meiner Luftröhre verbunden, dann positionierte Scott sich auf meinem Bett. Das wurde dafür schräg gestellt. Er setzte sich rittlings auf mich und legte die Fäuste genau unter meinen Brustkorb, während die Maschine Luft in meine Lunge blies. Ich atmete also ein und wenn ich ausatmete, drückte er unterhalb der Rippen gegen mein Zwerchfell. Dadurch sollten die Muskeln sich wieder daran erinnern, was sie vom Moment meiner Geburt bis zum Unfall getan hatten.

Diese Methode war brutal. Sie schadete meinen Schlüsselbeinen und war wegen des Drucks auf meinen Nacken furchtbar schmerzhaft. Aber von Beginn an hatte für mich außer Frage gestanden, dass ich das durchstehen und die unerlässlichen Fortschritte machen würde. Scott hatte mir erklärt, je länger ich es mit diesen Maschinen schaffte, desto näher käme ich dem selbstständigen Atmen. Als es mit dem Atmen besser wurde, begann ich, täglich ein paar Minuten an eine Sauerstoffflasche angeschlossen zu sein. Wenn ich nicht am Beatmungsgerät hing, bedeutete das, ich musste daran denken zu atmen und mich ständig selbst instruieren. Anfangs musste ich schon nach wenigen Minuten wieder an die Maschine, und das Ganze strengte mich dermaßen an, dass ich danach auf der Stelle einschlief.

All das war darauf ausgerichtet, mich in einen Rollstuhl zu bringen, und um das zu ermöglichen, musste ich lange genug mit einer Sauerstoffflasche atmen können. Nach so viel Physiotherapie wie meine Schlüsselbeine und mein Nacken gerade noch aushielten, nach einer Menge Husten und Atmen mit und ohne Maschine fügten sich all die winzigen Schritte zusammen. Nachdem ich etwa fünfundvierzig Minuten mit Hilfe einer Sauerstoffflasche atmen konnte, war ich bereit. An jenem Tag waren meine Mum und ihre Freundin Sandy bei mir, und es freute mich so, Mums Gesicht zu sehen, als es hieß, ich würde aufrecht sitzend meinen ersten Ausflug weg von der Station unternehmen.

Mich aus dem Bett und in den Rollstuhl zu kriegen war eine ziemliche Aktion. Dafür kam ich in einen Flaschenzug, um mich zu heben. Zum ersten Mal nach zweieinhalb Monaten befanden sich meine Beine unterhalb der Taille, und so sackte innerhalb von Sekunden alles Blut hinein. Dadurch wurde mir furchtbar schwindelig, und ich konnte gar nichts mehr sehen. Man schloss mich über die Luftröhre an die Sauerstoffflasche an, aber erst mal gestaltete es sich schwierig, meine Atmung zu regulieren, und die ganze Sache schien geradezu unmöglich. Aber nachdem man mich in den Rollstuhl herabgelassen hatte und eine der Schwestern meine Beine hochhielt, bis ich ausbalanciert und ein wenig an die neue Position gewöhnt war, fühlte es sich fantastisch an, aufrecht zu sitzen. Seltsam, wie anders die Welt aussieht, wenn man nicht mehr flach oder auch in einem hochgestellten Bett liegt.

Scott schob mich aus der Station und zeigte meiner Mum, wie sie mich fahren sollte, um Zusammenstöße und zu starkes Ruckeln zu vermeiden. Sie brachten mich in Bereiche des Krankenhauses, von denen ich schon gehört, die ich aber noch nie gesehen hatte. Scott erklärte mir alles. Es war eigenartig zu sehen, wie der Alltag im Krankenhaus um mich herum ablief – Patienten, Besucher und medizinisches Personal liefen überall herum. Da wurde mir bewusst, wie sehr ich in einer Art Kokon gelebt hatte. Und es war so laut; jedes Geräusch wirkte wie verstärkt. Ich brauchte eine Weile, um mich an diese schrille, grelle neue Welt zu gewöhnen. Nun durfte Mum versuchen, mich zu schieben. Während sie sich an das Gewicht und das Manövrieren gewöhnte, stießen wir ein paarmal gegen die Wand. Das erinnerte mich ans Autoscooter-Fahren als Kind; ich begann mich zu entspannen und Spaß dabei zu haben. Wir durchquerten das helle, sonnige Café und kamen nach draußen, wo die Helligkeit und die viele frische Luft zum ersten Mal seit jenem Tag am Strand mich fast überwältigten. Ich schaute zum Himmel hoch und hinunter auf das üppig grüne Gras. Mit der Zeit akklimatisierte ich mich, aber ich merkte genau, dass mein Adrenalinspiegel hoch blieb. So wie ich mir hier draußen vorkam, musste es sich anfühlen, wenn man nach wochenlangem quälendem Durst endlich eine Oase fand.

Als wir schließlich durch die großen Glastüren ins Gebäude zurückkehrten, erblickte ich zum ersten Mal, seit ich an jenem Abend in Portugal die Villa zum Ausgehen verlassen hatte, mein Spiegelbild. Aber was ich da sah, das war nicht ich. Das war ein spindeldürrer, schwacher junger Mann. Inzwischen hatte ich ungefähr fünfundzwanzig Kilogramm Gewicht verloren und sah in dem massiven Rollstuhl total verloren aus. Mein Kopf war an einer Stütze befestigt, in meiner Kehle steckte ein Schlauch, neben mir hatte ich die Sauerstoffflasche und um den Bauch Gurte. Meine Arme waren reglos, und meine Beine sahen völlig nutzlos aus. Ich versuchte noch, wegzuschauen, zu verleugnen, was ich sah, aber ich wusste augenblicklich, dass diese Version von mir jetzt ich war. Meine Gedanken befanden sich im freien Fall und stürzten an einen unvorstellbaren Ort.

Irgendwie gelang es mir noch, mich zusammenzureißen, bis Scott mich zurück auf die St.-Andrew-Station geschoben hatte, die Freundin meiner Mum sich verabschiedet und ich mich bei ihm bedankt hatte. Aber sobald Mum und ich allein und die Vorhänge zwischen Dan und mir zugezogen waren, traf es mich wie ein Schlag. Erschreckend wie noch nie zuvor traf mich das ganze Ausmaß meiner Hilflosigkeit, und ich brach regelrecht zusammen. »Warum ich? Warum ich?«, schluchzte ich. Ich hatte in dem Spiegelbild die Realität meines weiteren Lebens gesehen und wusste einfach nicht mehr weiter.

Ich wollte so verzweifelt meine Mum umarmen, aber nicht mal dazu war ich in der Lage. Für den Rest des Tages war ich untröstlich und schluchzte an ihrer Schulter. Bis jetzt waren meine Hauptsorgen gewesen, die Infektionen zu überwinden oder die Magensonde loszuwerden oder so lange wie möglich ohne Beatmungsgerät klarzukommen. In meinem Zimmer von der Welt isoliert, umgeben von Familie und Freunden, war das Leben irgendwie unwirklich geworden. Irgendwo tief in meinem Inneren hatte ich wohl noch gedacht, wie schlimm die Verletzung auch sein mochte, irgendwann in der Zukunft würde ich das Stoke Mandeville aus eigener Kraft und mit reaktivierten Armen und Beinen verlassen. Als ich jedoch mein Spiegelbild in diesen Türen erblickte – den Türen nach draußen, in die Welt, in der ich selbst früher herumgelaufen und gerannt war –, da wusste ich, dass meine Lähmung real war, dass ich im Rollstuhl sitzen, und meine Arme so unbeweglich sein würden wie meine Beine, und zwar für den Rest meines Lebens.

Das war meine Realität, aber sie ergab keinen Sinn. Während man mich mit dem Flaschenzug zurück ins Bett hob, liefen mir Tränen übers Gesicht. Als ich aus einem kurzen Schlaf der Erschöpfung aufwachte, flossen sie weiter. So ging es auch noch, als meine Brüder auftauchten und schließlich mein Dad kam. Dass ich so aufgelöst war, muss für meine Familie wirklich hart gewesen sein, denn sie konnten nichts tun, um mich zu trösten. Ich starrte in einen Abgrund, und da war niemand außer mir. Später am Abend zögerte mein Dad, überhaupt zu gehen, aber ich wollte mit meinen Gedanken allein sein, so schlimm sie auch sein mochten. Schließlich überzeugte ich ihn davon, dass ich klarkäme, sobald ich meine Schlafmittel bekommen hätte.

Aber nicht einmal meine übliche hohe Dosis konnte an jenem Abend etwas ausrichten. So lag ich bis in die frühen Morgenstunden wach und durchlebte wieder und wieder das Entsetzen über mein Spiegelbild. Diese ganzen Emotionen hatten mich erschöpft – erst das Hochgefühl, weil ich zum ersten Mal im Rollstuhl saß, dann das stundenlange Weinen. In meinem Kopf herrschte Aufruhr, und ich kam einfach nicht zur Ruhe. Die ganze Zeit sah ich nur mein Spiegelbild im Rollstuhl in diesen Glastüren.

Und dann, so gegen vier Uhr morgens, passierte etwas Seltsames. Das Bild erschien mir plötzlich nicht mehr so schrecklich. Vielleicht kam es mir, weil ich es nun schon so oft vor meinem inneren Auge gesehen hatte, normal vor. Etwas in mir hatte sich verändert, und Ruhe überkam mich. Ich konnte auf einmal klar denken, dass es keinen Sinn ergab, traurig oder wütend zu sein, dass ich niemand die Schuld für das Vorgefallene geben konnte und dass ich genauso gut einfach weitermachen und mich dem stellen konnte, was jetzt kam. Ich hatte mich nie mit Selbstmitleid abgegeben, und auch jetzt sollte es nicht mein Freund werden. Ich hatte doch so viel – meine Familie, meine Freunde, ein Team von Leuten, die dafür arbeiteten, dass ich aus diesem Bett kam und wieder einigermaßen funktionierte. Außerdem hatte ich sogar seit meinem Unfall schon Fortschritte gemacht, wie klein sie auch sein mochten. Ich hatte die Sonne wiedergesehen und frische Luft geatmet. Ganz plötzlich, als hätte man mir Helligkeit injiziert, fühlte ich mich durchflutet von einer Leidenschaft für das Leben, einer Leidenschaft für das Lebendigsein. Als es dämmerte, fiel ich endlich in einen tiefen, ruhigen Schlaf. Morgen war ein neuer Tag.

4

Akzeptieren und sich anpassen

So traumatisch es auch gewesen sein mochte, ich hatte so einen Tag gebraucht. Einen Tag, an dem ich mit meinen Tränen all die Ängste und meine Hilflosigkeit rauslassen konnte. Einen Tag der Ehrlichkeit, an dem ich mir erlaubte, mich der Realität meines veränderten Lebens zu stellen. Sobald ich am nächsten Morgen aufwachte, wusste ich, dass es kein Zurück geben würde und ich mental so stark wie nur möglich werden musste. Als der Pfleger für meine morgendliche Reinigungsprozedur kam und dabei meine Arme hochhob, als wären sie abgekoppelte, nutzlose Dinger, nahm mein Entschluss Form an. Ich dachte: *Über meine Arm- und Beinmuskeln mag ich die Kontrolle verloren haben, aber mein Gehirn kontrolliere ich noch. Ich kann damit Entscheidungen treffen und die Kontrolle über meine Situation übernehmen.*

Wettbewerb und Herausforderungen mochte ich schon immer – jahrelanges Training und Mannschaftssport prägen einen entsprechend. Man hatte mir ja schon gesagt, dass ich mindestens eineinhalb Jahre im Krankenhaus verbringen und für den Rest meines Lebens auf einen Rollstuhl mit Kopfkontrolle und Armstützen angewiesen sein würde. Und auch, dass ich noch monatelang ein Beatmungsgerät brauchen würde. Bisher war ich weder mental noch körperlich stabil genug gewesen, um wirklich zu begreifen, was das alles bedeutete. Aber als der Nebel sich auflöste und die Dauerhaftigkeit meiner Behinderung deutlich wurde, beschloss ich, ein bisschen Leben in die Bude zu bringen. Ich sagte es niemandem, sondern festigte nur meinen Willen und strengte mich in den nächsten Tagen ein bisschen mehr an und verlangte mir etwas mehr ab.

Inzwischen kam ich schon immer länger mit der Sauerstoffflasche zurecht, benutzte nachts aber nach wie vor das Beatmungsgerät. Als meine neu gefundene Klarheit sich einstellte, nahm ich mir vor, jeden Tag länger mit der Sauerstoffflasche und nachts ohne Beatmungsgerät auszukommen. Ich hatte gelernt, dass der beste Weg zu Fortschritten war, mir erreichbare, realistische Ziele zu setzen. Indem ich kurze Zeitspannen ohne Sauerstoff und Beatmungsgerät immer weiter verlängerte, stellte ich mir vor, in der Zukunft ganz ohne sie auszukommen.

Eines Nachmittags, als außer meinen Brüdern auch noch eine Menge Kumpel zu Besuch waren, brachten sie mich runter ins Café, damit Dan ein bisschen seine Ruhe hatte. Die Sauerstoffflasche hatte ich bei mir. Seltsamerweise wurde mir nach etwa fünfzehn Minuten richtig schwindelig und komisch zumute, so als würde ich gleich ohnmächtig. Tom brachte mich zurück auf die Station und rief auf dem Weg zu meinem Bett schon nach einer Schwester. Als die meinen Zustand bemerkte, kam sie herbeigeeilt und stellte beim Durchchecken fest, dass die Sauerstoffflasche gar nicht geöffnet war, und zwar schon seit ich im Rollstuhl saß. Schnell verlagerte sie mich wieder in mein Bett, öffnete die Sauerstoffflasche und sorgte dafür, dass ich erst einmal reichlich Sauerstoff aufnahm. Das Ganze war natürlich ein Versehen gewesen und ich gerade noch rechtzeitig wieder auf der Station eingetroffen. Aber die Vorstellung, dass ich dort unten im Café ganz selbstständig geatmet hatte, gefiel mir natürlich, und ich war entschlossener denn je, den Ärzten zu beweisen, dass sie sich geirrt hatten. Gleichzeitig war der Vorfall auch eine Art Realitycheck, der zeigte, wie ernst mein Zustand war.

Das Essen war inzwischen unkompliziert. Das pürierte Zeug brauchte ich nicht mehr, mein Appetit war zurückgekehrt, und ich freute mich, zuzunehmen und hauptsächlich frische gesunde Sachen zu essen. In unserem Familienleben spielte Essen eine große Rolle. Die mediterranen Wurzeln meiner Mutter hatten zur Folge, dass es an unserem Küchentisch oft munter und laut zuging. Bis Tom und Will ausgezogen waren, hatten wir immer so oft wie möglich zu sechst gegessen, vor allem sonntagmittags nach Spielen oder Trainings. Deshalb brachte, als wir wussten, dass an einem Sonntag alle da sein würden, meine Mum Brathühnchen, ihre speziellen, auf griechische Art gerösteten Kartoffeln und Salat mit. Damit gingen wir alle hinunter ins Café und aßen zusammen. Es war ein herrlicher Moment – wir saßen im Innenhof des damals »Jimmy's Café« genannten Lokals, und die Sonne schien. Ich erinnere mich, dass ich dachte, egal was passiert ist und wo auch immer der Tisch steht, zum ersten Mal seit meinem Unfall zu einem richtigen Essen beisammenzusitzen, das machte einen wirklich glücklichen Tag aus. Wir waren schon immer ein Team gewesen – Leute scherzten oft mit meinem Vater darüber, dass wir vier Jungs schon eine kleine Rugby-Mannschaft seien. Jetzt sah ich, wie zutreffend das war.

Nichts bewies das besser als die wortlose Abstimmung der anderen, wenn sie mir bei meinem stündlichen Umlagern halfen. Seit ich länger als für ein paar Augenblicke im Rollstuhl saß, musste ich mich jede Stunde für ein, zwei Minuten nach vorn lehnen, um etwas Druck von meinem Hinterteil zu nehmen. Man nennt das Druckentlastung, und die ist nötig, weil der konstante Druck durch die Unbeweglichkeit alle möglichen Irritationen und Wunden hervorrufen würde. Wegen der geringen Durchblutung müsste ich dann ewig im Bett liegen, bis diese Stellen wieder verheilt wären. Nachdem ich mit angesehen hatte, wie Dan sich gequält hatte, nachdem er wegen so einer Wunde operiert werden musste, war mir von Anfang an klar, dass ich das verhindern wollte. Deshalb bat ich jede Stunde denjenigen, der gerade bei mir war, mich nach vorne zu lehnen. Meine Familie – und auch der Freundeskreis – gewöhnte sich so daran, dass ich oft nicht einmal darum bitten musste. Jemand stand einfach auf und brachte mich behutsam in die nötige Position. Zu wissen, dass Menschen für mich da waren und an mich und mein Wohlbefinden dachten, ohne besonderes Aufhebens darum zu machen, das machte all diese neuen Dinge einfacher.

Genauso war das mit der Maschine, die beim Mittagessen auf dem Tisch stand. Auch wenn ich inzwischen problemlos feste Nahrung zu mir nehmen konnte, musste ich ein, zwei Hürden überwinden, wenn ich außerhalb der Station essen wollte. Meine Lunge war von den Infektionen geschwächt und lädiert, was bedeutete, dass sich in meiner Brust immer noch eine Menge Dreck befand, der manchmal meine Atmung behinderte. Deshalb brauchte ich ein Schleimabsauggerät, sobald ich die Station verließ. Falls nötig musste jemand den Schlauch der Sauerstoffflasche aus meiner Luftröhre nehmen und den der anderen Maschine einführen, um eben den Mist abzusaugen, der meine Lunge und Atemwege verstopfte. Meine ganze Familie hatte das gelernt und ein paarmal an mir geübt. Es bedeutete mir unendlich viel, dass wir dadurch an jenem Sonntag mehrere Stunden miteinander verbringen konnten, ohne dass jemand vom medizinischen Personal meinen Zustand kontrollierte.

Wir sprachen nicht einmal darüber – und sie mussten das Gerät auch nicht oft benutzen, aber zu wissen, dass sie es beherrschten, zu wissen, dass alle sich die Zeit genommen hatten, es zu lernen, damit die Last und Verantwortung nicht allein bei beispielsweise meiner Mum lag, und dass sie mir wenn nötig alle helfen konnten, das war schon sehr tröstlich. Dieses gemeinsame Essen war ein Meilenstein und wird uns allen in Erinnerung bleiben.

*

Nach etwa einem Monat gemeinsam in einem Zimmer mit Dan trennten sich unsere Wege. Während ich immer noch mit MRSA infiziert war, galt die Infektion bei ihm als ausgeheilt. Jetzt wurde unser Vier-Bett-Zimmer für andere, nicht infizierte Patienten gebraucht. Dan kam auf eine größere Station und ich in ein kleines Nebenzimmer. Im Laufe der Zeit und da wir jeder Teil des Alltags des anderen geworden waren, hatte es mir eigentlich sehr gefallen, das Zimmer mit Dan zu teilen. Er hatte einen beruhigenden, positiven Einfluss auf mich, und auch unsere Familien verstanden sich gut. Wieder ein eigenes Zimmer zu haben, war jedoch auch gut. Meine immer noch wachsende Besucherschar konnte dann etwas lauter sein. Außerdem hatten meine Brüder und ich dadurch Gelegenheit, uns noch mehr Rugby-DVDs anzusehen.

Manchmal staunte ich über die vielen Leute, die mich immer noch besuchen wollten. Es gab die regelmäßigen Besucher – meine Familie und Schulfreunde –, aber auch einen ständigen Strom von Leuten aus anderen Bereichen meines Lebens: alte Freunde von der Berkhamsted School, Teamkollegen aus der Rugbymannschaft, Freunde meiner Brüder, Lehrer und Coaches sogar aus meiner Grundschulzeit, aber auch Freunde meiner Eltern und Nachbarn. Mir gefiel das ausgesprochen gut. Selbst wenn ich müde war und mal einen Tag ohne Therapien hatte, munterten Besuche mich immer auf. Und mir war nichts lieber, als Leuten zuzuhören, die sich über normale, alltägliche, ja sogar ganz triviale Dinge unterhielten. Das stärkte meine Verbindung zur Außenwelt, zu meinem Leben vor dem Unfall. Deshalb genoss ich es immer, wenn jemand kam.

Um mich innerhalb des Krankenhauses zu bewegen, nutzte ich einen Rollstuhl mit Kopf- und Armstützen. Die Armstützen waren neu hinzugefügt worden, weil der Stuhl, den ich bis dahin benutzt hatte, über keine verfügte. – Das war versäumt worden und ein großer Fehler, dessen Auswirkungen ich bis heute spüre. Man hatte meine Arme zunächst einfach auf ein Kissen in meinem Schoß gelegt. Ich hatte das nicht in Frage gestellt oder mir überhaupt groß Gedanken über verschiedene

Modelle von Rollstühlen gemacht. Doch nachdem ich mich der Tatsache gestellt hatte, dass ich den Rest meines Lebens in einem solchen Ding verbringen würde, fand ich den Zeitpunkt gekommen, mich über die verfügbaren Möglichkeiten zu informieren. Im Krankenhaus hatte ich Leute in verschiedensten Rollstühlen gesehen, aber nicht auf Feinheiten und Unterschiede geachtet. Ein Freund eines Freundes meiner Eltern, der eine ähnliche Rückenmarksverletzung wie ich erlitten hatte, kam, um mir seinen Rollstuhl zu zeigen: wahrscheinlich auch, um mich zu ermutigen. In die Kopfstütze waren berührungsempfindliche Sensoren eingebaut, sodass er durch kleine Kopfbewegungen den Fernseher, Lichtschalter und sogar die Jalousien in seinem Schlafzimmer bedienen konnte. Am Ende einer Armstütze gab es einen kleinen Bildschirm, auf dem zu sehen war, was er mit der Kopfstütze auswählte. Er war sehr zufrieden mit diesen Funktionen, und während er mir alles zeigte, sah ich selbst, dass ich dadurch eine gewisse Kontrolle über meine Umgebung gewinnen könnte.

An Angeboten, mir weitere Rollstühle anzusehen, mangelte es nicht. Die Frau eines Patienten in einem anderen Zimmer auf der St.-Andrew-Station kam eines Tages unvermittelt rein und fragte, ob ich ihren Freund James kennenlernen wolle. Der hatte sich vier Jahre zuvor nur ein paar Strände weiter als ich ebenfalls an der

Algarve verletzt. Obwohl ich mich darauf konzentrierte, Fortschritte zu machen, war ich damals noch nicht in der Verfassung, ihn zu treffen. Deshalb ließ ich ihr über meine Mum ausrichten: »Vielen Dank, aber nein.« Ich dachte nicht weiter darüber nach und überlegte nur, wie schrecklich es doch war, dass dieser Teil der Algarve schon so viele unwissende Menschen ins Unglück gestürzt hatte. Mein Chirurg in Portugal hatte meinen Eltern erzählt, dass er mindestens zwölf Leute pro Jahr operierte, die sich beim Baden im Meer entlang dieser Küste verletzt hatten.

Einige Tage später sah ich von meinem Bett aus einen Typen im Rollstuhl an meinem Zimmer vorbeifahren. Ich reimte mir zusammen, dass er der Besucher des erwähnten Patienten sein musste, und irgendwas brachte mich dazu, meine Mum zu bitten, ihm nachzugehen und ihn anzusprechen. Mum eilte sofort hinaus, und ich hörte, wie sie ihm nachrief, während er wohl schon unterwegs zum Ausgang war. Ich lehnte meinen Kopf zurück, irgendwie erschüttert von der Freiheit seiner Armbewegungen, mit denen er sich selbst fortbewegen konnte.

Mums Gespräch mit James sollte sich als Schlüsselmoment erweisen, für den ich sehr dankbar sein muss. – Ein weiterer Beweis dafür, wie wichtig es ist, sich im Leben auf die richtigen Dinge zu konzentrieren.

Nachdem man ihm gesagt hatte, er würde nie in der Lage sein, sich aus eigener Kraft fortzubewegen, war James entschlossen, seine Physiotherapeuten zu widerlegen und eben nicht den Rest seines Lebens in einem elektrischen Rollstuhl mit Kopf- und Armstützen zu verbringen. Er war mobiler als ich und konnte seine Arme ein bisschen benutzen. Trotzdem war es für ihn eine Riesensache, den Rollstuhl überhaupt selbst über welche Entfernung auch immer zu bewegen. Alle oder fast alle, erzählte er Mum, waren sich darin einig. Auch Ruth, eine ganz besondere Physiotherapeutin, der er begegnet war und die sich nicht scheute, Einschätzungen und Erfahrungswerten zu widersprechen, auf ihre Patienten zu hören und diese zu ermutigen, damit sie Grenzen überwanden und Ergebnisse erzielten. Trotz des Schweregrads seiner Verletzung hatte er dank seiner Entschlossenheit und harten Arbeit, dank Ruths Vision und Unterstützung sowie mit Hilfe eines hochentwickelten Rollstuhls mit Spezialmechanik in den Rädern schließlich erreicht, dass er sich aus eigener Kraft fortbewegte.

James hatte Mum gezeigt, wie sein Rollstuhl funktionierte. Im Grunde sah er aus wie ein normaler Stuhl für Paraplegiker, aber statt Rädern für den Handantrieb waren welche mit Power-Assistance montiert. Ein Sensor am Rahmen registrierte die Bewegung seiner Hände und aktivierte dann einen Elektromotor an der Radnabe. James' Physiotherapie hatte ihm also ermöglicht, das Maximum aus seiner Mobilität herauszuholen. Deshalb konnte er sich nun selbstständig fortbewegen. Von mir hatte er über seinen Freund im Krankenhaus schon gehört. Er gab Mum Ruths Telefonnummer und auch seine eigene. Er lud mich ein, sich bei ihm zu melden, sobald ich zum Reden bereit wäre.

Später erzählte Mum mir, sie habe Ruth angerufen, sobald sie auf dem Parkplatz und damit außer Hörweite des Krankenhauspersonals war. Noch bevor sie auch nur ins Auto gestiegen war. Schon bei diesem Gespräch willigte Ruth ein, eventuell mit mir zu arbeiten. Ruth praktizierte als selbstständige Physiotherapeutin und hatte zwar eine Zeitlang im Stoke Mandeville gearbeitet, kam inzwischen aber nicht mehr her, um Patienten zu betreuen. Das war zwar frustrierend, aber gleichzeitig auch genau das, was ich brauchte, denn dadurch wollte ich mich unbedingt noch mehr anstrengen, um von der St.-Andrew-Station in die Reha zu kommen. Ich wusste, wenn es mir gut genug ginge, um mit der Rehabilitation zu beginnen, würde ich an den Wochenenden nach Hause dürfen. Und wenn ich mich, selbst wenn es nur ein paar Stunden wären, zu Hause aufhielt, konnte Ruth anfangen, mit mir zu arbeiten.

In der Zwischenzeit war ich dank eines noch intensiveren Trainings mit Scott, um meine Atmung zu stärken, in der Lage, meine Physiotherapiesitzungen im Fitnessbereich zu absolvieren. Um andere nicht mit MRSA anzustecken, konnte das immer nur gegen Abend passieren – noch ein Vorteil meiner anhaltenden Infektion. Dann waren außer mir nur ein oder zwei andere Patienten dort, was mir deutlich mehr Aufmerksamkeit bescherte, als ich sie tagsüber, wenn viel mehr los war, bekommen hätte.

Frances, meine Physiotherapeutin, war großartig: ehrlich, direkt und ohne Scheu, mir zu sagen, was ich in jeder Phase tun konnte und was nicht. Wie es meiner Art entsprach, wollte ich natürlich von Anfang an meine Grenzen austesten. Sie schätzte mich sofort richtig ein und forderte mich, wenn es angemessen war, hatte aber auch kein Problem damit, mich zu bremsen. Als Erstes setzte sie mich auf ein sogenanntes »Passivfahrrad«. Meine Füße waren daran befestigt, und meine Beine wurden bewegt, um die Gelenke wieder beweglicher zu machen. Schließlich waren sie seit fast zwei Monaten nicht mehr benutzt worden.

Gleichzeitig bekam ich als Aufgabe ein Atemspiel. Dafür bekam ich ein Mundstück und einen Computerbildschirm bereitgestellt, auf dem ich einen Hubschrauber mittels meiner Atmung über verschiedene Hindernisse bringen musste. Reichte mein Atem nicht lange genug, stürzte der Helikopter ab. Weil ich von

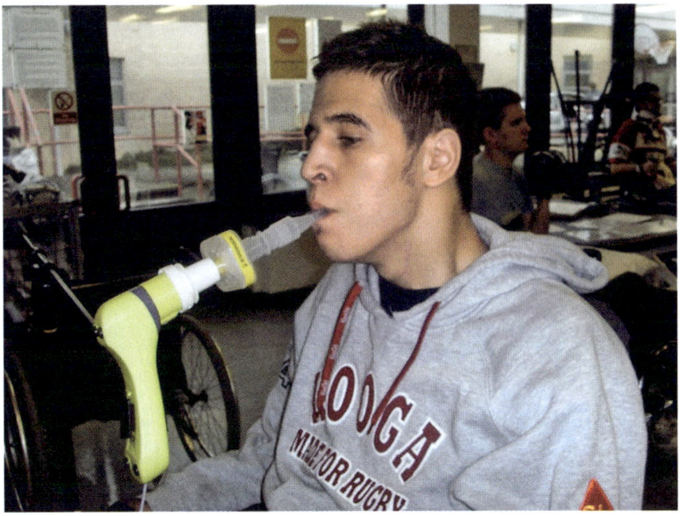

Das Atem-Spiel

Natur aus nicht gern verliere, holte ich sofort tief Luft, um das Ding in die Höhe zu bringen, bis es unvermeidlich doch irgendwann herunterkrachte. Das war eine wirklich gute Übung, die mir auch Spaß machte. Der Besuch im Fitnessbereich wurde zu einem wichtigen Teil meines Tagesablaufs, und ich freute mich darauf. Insbesondere wenn einer oder mehrere meiner Freunde oder Brüder mich begleiteten.

Ich machte gute Fortschritte, und schon nach ein paar Wochen war davon die Rede, dass ich von St. Andrew mit seinen Notfällen auf die Reha-Station verlegt werden sollte. Allerdings musste ich vor diesem Umzug noch entscheiden, ob ich auf die Erwachsenen- oder die Kinderstation wollte. Mit siebzehn konnte ich ja durchaus noch zu den Kindern. Also sah ich mir vorher beide mal an und staunte darüber, dass das Pflegepersonal auf beiden Stationen geradezu um mich warb. Am Ende war meine Entscheidung jedoch eindeutig. Auf der St.-Andrew-Station war es relativ laut zugegangen, weil die Patienten der verschiedenen Sechs- und Vier-Bett-Zimmer ständig nach dem Pflegepersonal läuteten. Die Reha für die Erwachsenen kam mir so ähnlich vor – geschäftig und hektisch. Die Kinderstation kam mir mit ihren Comicbildern in Primärfarben, den Regalen voller Puzzles und Spielzeuge und den Disney-DVDs zwar kindisch vor, und ich hätte mich wohl bis zum letzten Atemzug dagegen gewehrt, als Kind betrachtet und behandelt zu werden, aber es war dort so geräumig, so ruhig – und es gab eine eigene physiotherapeutische Abteilung. Deshalb musste ich am Ende gar nicht lange überlegen.

Nach dieser Entscheidung setzte ich mir ein Ziel, das ziemlich heikel war. Um die Ausrüstung in der Reha-Station richtig nutzen und bei meiner Physiotherapie echte Fortschritte erzielen zu können, fand ich, müsste ich komplett unabhängig von der Sauerstoffflasche werden und selbstständig atmen. Inzwischen verzichtete ich schon nachts auf das Beatmungsgerät und hing, während ich schlief, nur noch an der Sauerstoffflasche. Nachdem ich die Intensivstation verlassen durfte, hatte man mir schon angekündigt, dass ich noch monatelang auf irgendeine Unterstützung beim Atmen angewiesen sein würde. Jetzt dachte ich: *Auf gar keinen Fall.* Ich begann, mir noch mehr abzuverlangen, vielleicht zu viel. Noch fünf Minuten, noch fünf Minuten – das war mein inneres Mantra. Als eine der Krankenschwestern das mitbekam, erklärte sie mir behutsam, dass ich mir mehr Zeit lassen müsse. Weil es kontraproduktiv sein konnte, wenn mein Sauerstofflevel zu tief absank und ich dann umso mehr Zeit am Beatmungsgerät verbrachte, um mich davon wieder zu erholen.

Eine Woche bevor ich nach unten auf die Reha-Station verlegt werden sollte, befanden die Ärzte, dass ich gut genug atmete, um es mit dem »roten Punkt« zu versuchen. Dabei setzten sie die Sauerstoffflasche ab und verschlossen den Schlauch in meiner Luftröhre mit einem roten Plastikclip. Das bedeutete, ich war an nichts mehr angeschlossen, sondern atmete selbstständig. Erst mal war das furchterregend, aber mit Scotts Hilfe blieb ich ruhig und atmete einfach. Wenn es mir zu viel wurde, nahm man den roten Clip ab und schloss mich an die Sauerstoffflasche, was anfangs zugegeben eine Wohltat war.

Aber nach ein paar Tagen grimmiger Entschlossenheit wagte ich es. Zur großen Verwunderung der Ärzte konnte ich nur acht Wochen nach meinem Unfall ganz ohne Hilfe atmen und war bereit, meinen Luftröhrenschnitt verschließen zu lassen. Ich hatte mich auf das konzentriert, was ich konnte, nicht auf das, was ich nicht konnte. So hatte ich einen beträchtlichen Fortschritt erzielt.

Der Tag, an dem mein Tracheostoma verschlossen wurde, war der furchterregendste und zugleich beste Tag meiner Zeit im Krankenhaus. Als der Schlauch gezogen wurde, fragte der Arzt mich, ob ich das Loch in meinem Hals sehen wolle. Da hielt Mum mir ihren Schminkspiegel hin, während er mir sagte, ich solle den Mund schließen und durch meine Nase atmen. Während ich atmete, spürte ich, wie die Luft durch das Loch rein- und rauskam. Die Schwester klebte es mit einem dicken Stück Verbandmull zu, und das war's. Ich atmete ohne Hilfsmittel.

Als an diesem Abend Dom, Will und mein Dad kamen, merkten sie zwar gleich, dass etwas anders war, wussten aber nicht, was. Sie brauchten nicht lange, bis sie feststellten, dass ich jetzt, abgesehen von ein oder zwei Kanülen für die Antibiotika, völlig befreit von Schläuchen und Maschinen war. Es fühlte sich so gut an, dass ich mein selbst gesetztes Ziel tatsächlich erreicht hatte. Das war wie ein Sieg, auch über die bescheidenen Erwartungen der Ärzte. Und ein Sieg fühlt sich ja immer gut an.

Damit war ich bereit für die Reha. Und für ein neues Ziel.

5

Sei dankbar

Ich kann gar nicht genau sagen, ab welchem Moment genau es zu meiner fixen Idee wurde, dass ich meine Schultern benutzen wollte, um einen Rollstuhl anzutreiben. Vielleicht als ich endlich an einem Ort war, an dem die Vorstellung, raus und wieder nach Hause zu können, Realität wurde. Mein neues Zimmer im Erdgeschoss war sehr hell, und die Fenstertüren gingen auf einen Zugang zum Krankenhaus hinaus, sodass ich Leute kommen und gehen sah. Die Außenwelt schien nur noch einen Schritt entfernt zu sein. Es könnte auch passiert sein, als ich den ersten Termin mit meiner neuen Betreuerin auf der Reha-Station hatte. Sie setzte eine Menge der Medikamente ab, die ich bis dahin genommen hatte, und nannte mir – was sich wie riesengroßer Glaube an mich anfühlte – als Entlassungstermin den 10. Februar. Der war noch vier Monate und zehn Tage entfernt. Das würden dann insgesamt nur sechs Monate Krankenhausaufenthalt sein und nicht die achtzehn Monate, vor denen mich die Ärzte anfangs gewarnt hatten. Schon vorher, sagte sie mir, könne ich, sofern ich weiter Fortschritte machte, die Klinik an den Wochenenden verlassen. Außerdem war mein Ziel, Weihnachten zu Hause bei meiner Familie zu sein.

Auf der Reha-Station gab es neben mir nur noch zwei andere Patienten mit Rückenmarksverletzungen: ein dreizehn- und ein vierzehnjähriges Mädchen. Eine von ihnen – Agnes – hatte einen Autounfall erlitten, bei dem ihre Mutter gestorben war. Ihr Bruder war mit relativ leichten Verletzungen davongekommen, während ihr Rückenmark durchtrennt worden war. Ihr Dad hatte nicht mit im Auto gesessen. Ihre Verletzung war genauso schlimm wie meine, aber sie war verständlicherweise emotional ebenso schwer traumatisiert wie physisch. Sie und ihre Familie taten mir schrecklich leid, wenn ich mir ausmalte, wie schwer es sein musste, das alles ohne ihre Mutter durchzustehen. Das andere Mädchen, Lauren, war im besten Sinne total verrückt. Als leidenschaftliche Fußballspielerin war sie schon mit unter dreizehn von Profivereinen ins Visier genommen worden. Sie hatte Freunde ihrer Familie besucht, die ein Boot im Sporthafen von Chichester liegen hatten. Eines Nachmittags, als sie und ihre Freundin eigentlich das Boot hatten putzen sollen, hatten sie sich in ein kleines Beiboot gesetzt und waren an einen nahen Strand gesegelt. Nachdem sie dort ein bisschen Fußball gespielt hatten, schaukelten sie mit einem Reifen, der in einem Baum hing. Immer auf Abenteuer aus war Lauren schließlich auf den Baum geklettert und aus gut vier Metern Höhe heruntergefallen. Da der Baum auch noch über einer kleinen Klippe stand, stürzte sie insgesamt aus mehr als sieben Metern Höhe auf den Strand, wo sie sich das Rückgrat brach. Jetzt war sie querschnitt-

Meine Brüder und ich.

gelähmt, konnte aber ihre Arme bewegen. Auch wenn sie den Rest ihres Lebens im Rollstuhl würde verbringen müssen, sprühte sie noch vor Energie und Humor.

Lauren und ich hatten das gleiche Verlangen, uns anzustrengen, auch wenn das bedeutete, hier und da ein gewisses Risiko einzugehen. Vor unserer Station gab es einen kleinen Spielplatz, und manchmal, wenn meine Brüder mich besuchen kamen, ließen wir uns von ihnen rausfahren, auf das Minikarussell setzen und so schnell drehen, wie sie sich trauten. Lauren schaffte das, ohne Aufsehen zu erregen, nur ich fiel eines Nachmittags aus meinem Sitz, als das Ding sich zu schnell drehte.

Sofort kamen die Schwestern der Station rausgestürmt und waren ziemlich ungehalten. Laurens Wunsch, so fit wie nur irgend möglich zu werden, entsprach meinem, und so war auch sie oft im Fitnessbereich. Inzwischen ist sie Profispielerin im britischen Team für Rollstuhltennis und war zeitweise Weltranglistenerste der unter 18-Jährigen.

Nachdem wir nur zu dritt waren, ging es auf der Station so viel ruhiger zu als auf der St. Andrew, wo ein ständiges Kommen und Gehen herrschte. Ich konnte deshalb auch wieder klarer denken. Immer wieder kam mir James in den Sinn, wie er aus eigener Kraft aus der St. Andrew hinausrollte. Wahrscheinlich hatte ich schon in dem Augenblick, als ich ihn damals sah, gewusst, dass ich das auch schaffen musste, wenn es im Bereich des Möglichen lag. Ganz ehrlich, die Vorstellung, den Rest meines Lebens in einem elektrischen Rollstuhl mit Kopf- und Armstützen zu verbringen, kam mir vor wie Aufgeben. Ich wusste, dass ich zu mehr imstande war, und selbst wenn ich die kleine Mobilität, die James noch in seinen Armen hatte, nicht besaß, so verfügte ich doch über ein ganz klein wenig Beweglichkeit und Gefühl im oberen Bereich meiner Schultern. Mit den richtigen Übungen sollte ich die für mich nutzen können.

Aber wie das Sprichwort so schön sagt, man soll den zweiten Schritt nicht vor dem ersten tun. Deshalb musste ich mich erst einmal darauf konzentrieren, was erreichbar war, und weiter daran arbeiten, Kraft aufzubauen. Ein Fitnessstudio war für mich vertraute Umgebung, und wenn ich irgendetwas schon kannte, dann war es der Wert und das Suchtpotenzial körperlicher Betätigung. Vor meinem Unfall hatte ich nichts lieber gemacht als eine gute Fitnesseinheit mit Gewichtheben, Laufen und Arbeit an spezifischen Regionen meines Körpers. Beim Rugbytraining passte ich immer gut auf, wenn es um die Theorie hinter bestimmten Übungen ging, und weil ich ein eher visueller Typ bin, konnte ich mir ziemlich klar vorstellen, welche Muskeln was tun und welche Übungen welchen Muskeln nützen.

Nach einer Rückenmarksverletzung, selbst nach einer so schweren wie meiner, ist Bewegung unglaublich wichtig. Sie bewirkt all das, was sie bei gesunden Menschen auch tut: die Knochendichte verbessern, das Immunsystem stärken, die Risiken für Diabetes und Herzerkrankungen senken, die Verdauung fördern. Ich musste mich neu auf das Training einstellen, aber mit Hilfe meiner Physiotherapie erlebte ich Tage, an denen ich nach einem guten Work-out fast so befriedigend ausgepowert war wie früher.

Allein weil ich mich auf der Reha-Station befand, hatte ich die Möglichkeit zu komplexeren und nützlicheren Übungen sowie Zugang zu einer Fülle von

Geräten. An einer Seite des Fitnessbereiches gab es ein stabiles Barrensystem, an dem ich meine Schultern trainieren konnte. Dazu legte Frances meine Arme in Seile mit Schlingen für Hände und Ellbogen, die meine Arme hochhielten. Dann benutzte ich meine Schultermuskeln, während sie meine Arme schaukeln ließ. Das war anfangs richtig schwer, aber durch Visualisierung und intensive Konzentration gelang es mir, die entsprechenden Muskeln zu lokalisieren und mich so auf sie zu fixieren, dass es mir gelang, sie zu aktivieren.

Aber ich war auch nicht nur auf den Fitnessbereich angewiesen, um zu trainieren. Die Station war gut ausgestattet, und ich hatte fast den ganzen Tag Zugang zu einem besonderen Fahrrad, das zu einem meiner Lieblingsgeräte wurde. Das FES-Bike (Functional Electrical Stimulation), Fahrradfahren mit Hilfe der Funktionellen Elektrostimulation, war etwas ganz anderes als das Passivrad, an dem man mich auf der St.-Andrew-Station festgeschnallt hatte. Dieses raffiniertere Cycling-Gerät bedeutete ein echtes Work-out für meine Muskeln und stimulierte die unteren Motoneuronen, die mit meinem Rückenmark verbunden waren. Mum wurde schnell geübt darin, mir auf dieses Rad zu helfen. Dazu befestigte sie die Polster des Geräts an meinem Po und den Oberschenkeln. Diese aktivierten meine Muskeln so, dass sie das Fahrrad antrieben und nicht umgekehrt. Das war toll für die Durchblutung und den Hormonhaushalt meines Körpers. Im Laufe der Tage und Wochen, in denen ich es benutzte – oft legte ich virtuell fast zwanzig Kilometer zurück –, verbesserten sich mein Gleichgewicht und meine Haltung. Außerdem schützte ich mich auf diese Weise vor Druckstellen; meine Haut wurde elastischer und gesünder. Und natürlich war ich bald süchtig danach: Je öfter ich darauf saß, desto mehr wollte ich schaffen, und je mehr ich schaffen wollte, desto näher rückte die Arbeit mit Ruth.

Falls ich die Chance hatte, mein Leben in einem Rollstuhl ohne komplette Rücken- oder Kopfstütze zu verbringen, dann musste ich in der Lage sein, über einen längeren Zeitraum aufrecht und im Gleichgewicht zu sitzen. Das bedeutete rigoroses Rückentraining. Dafür wurde ich auf den Rand einer Bank herabgelassen, während ein Physiotherapeut mich von hinten um die Brust oder an den Schultern hielt; gleichzeitig brachte ein anderer Therapeut meine Ellbogen vor mir auf einem Tisch zusammen und hielt sie dort fest. Dann ließ derjenige hinter mir mich nach unten, bis mein Gewicht auf den Ellbogen ruhte. Ich sollte mir vorstellen, wie ich abwechselnd auf den einen und den anderen drückte, immer wieder, als wolle ich sie von einer Seite auf die andere schieben. Das war die anstrengendste Übung meiner ganzen Krankenhauszeit, aber meine Rückenmuskulatur wurde dadurch eindeutig stärker.

Zweifellos war die Physiotherapie im Krankenhaus nützlich, und ich gab dabei auch alles – manchmal sogar noch ein bisschen mehr –, aber was mich frustrierte, waren die Einschränkungen, die man mir meiner Ansicht nach auferlegte. Es kam mir vor, als pflege man dort kollektiv eine konservative und widerstrebende Haltung gegenüber allem, was irgendwie anders war. Es gab kaum die Vision von mir in irgendetwas anderem als einem Rollstuhl, wie er für Patienten mit meinem Verletzungsgrad eben vorgesehen war. Vorschriftsgemäß hat jemand mit null Arm- und Beinbeweglichkeit in einem kopfgesteuerten elektrischen Rollstuhl zu sitzen. Dabei wusste ich, dass ich zu etwas anderem imstande war. Manchmal kam es mir vor, als würde die ganze Energie, die ich aufwenden musste, um mich gegen dieses System zu stemmen, ausreichen, um meinen Rollstuhl einmal bis nach Timbuktu und zurück anzutreiben.

Abgesehen von der Physiotherapie hatte ich auch Termine bei Ergotherapeuten, deren Job es war, mich auf die Neuanpassung vorzubereiten. Also auf die Rückkehr in ein »normales« Leben, das ich mit meiner Behinderung leben würde. Diese weniger aktive Form der Anpassung sagte mir ehrlich gesagt nicht immer zu. Oft war ich wohl kein besonders aufmerksamer Patient. Und das lag nicht daran, dass ich nichts erfahren wollte. Vielmehr störte mich das *Inaktive* daran. Die körperlichen Aspekte dieser Therapie machten mir nichts aus, etwa die Arbeit an meinen Handgelenken und Händen, um sie beweglich zu erhalten, aber damals interessierten mich die Einzelheiten der Hygiene, der Blasenfunktion und die dafür nötigen Hilfsmittel eben nicht besonders. Die Gruppenseminare, an denen ich teilnehmen sollte, waren auch ein wenig mühsam. Da kamen Leute ins Krankenhaus und hielten uns Vorträge über ihre Erfahrungen oder das Leben im Rollstuhl. Wobei es natürlich schon welche gab, die mich ansprachen – entweder weil sie mich schockierten oder weil sie meine Perspektive änderten. Der über Hautpflege und offene Stellen hat ziemlich gesessen, als sie uns grässliche Fotos von Rollstuhlbenutzern zeigten, die auf so enge Jeans beharrt hatten, dass danach ihre Haut im Schritt und an den Oberschenkeln richtig aufgescheuert war.

Ich war auch kein großer Fan der Beratungstermine, die man mir anbot. Ich weiß, dass die mir zugeteilte Frau auch nur ihren Job machte, aber es kam mir vor, als suche sie nach Dingen, die gar nicht da waren. Eine meiner besten Auseinandersetzungen während meiner Zeit im Stoke Mandeville erlebte ich mit einer der Krankenschwestern, die mir noch mehr Stunden mit der Beraterin aufzwingen wollte. Sie meinte, ich hätte meine Situation noch nicht vollständig akzeptiert, würde mich immer wehren, wollte einen anderen Rollstuhl und wollte Dinge tun, zu denen ich laut Lehrbuch nicht in der Lage sei. Dadurch würde ich mich auf eine Weise selbst unter Druck setzen, die kontraproduktiv für das Erreichen meiner selbst gesteckten Ziele sei. Doch ich brauchte nicht noch mehr von diesen Stunden, gerade weil ich meine Situation akzeptiert hatte. Ich wusste genau, wo ich stand. Ich wollte nur einfach mehr tun, als man mir zutraute.

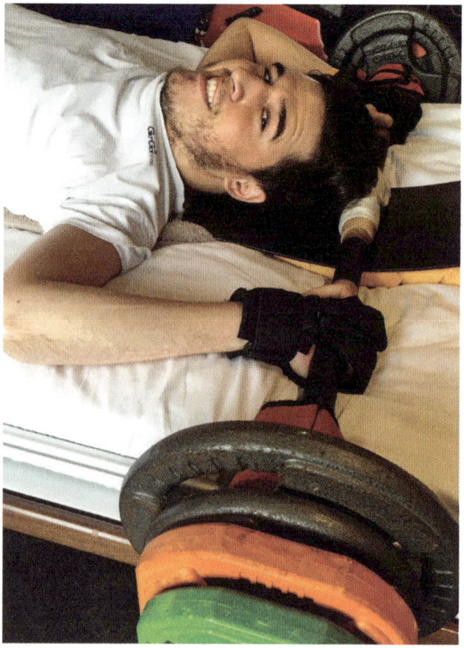

Beim Training mit meiner Physiotherapeutin zu Hause, wobei ich die Gewichte nur mit meinen Schultern und winzig kleinen Rückenmuskeln bewegen kann. Ich bin immer froh, wenn ich mir etwas abverlangen kann.

Diese ausgeprägte mentale Entschlossenheit war etwas Neues an mir. Vor dem Unfall war ich zwar physisch stark, aber mental eher schwach gewesen. Neues auszuprobieren machte mir Angst, und aus Furcht zu versagen, wollte ich meine Komfortzone am liebsten gar nicht erst verlassen. Aber jetzt musste die Kraft aus meinem Kopf kommen. Ja, ich versuchte mit aller Macht zu beweisen, dass ich mit meinem Körper immer noch etwas tun konnte, aber die Kraft dafür musste von innen, aus einer geistigen Stärke kommen. Langsam betrachtete ich mein Leben vor dem Unfall mit einem gewissen Abstand: So vieles hatte ich für selbstverständlich gehalten, und wie viel mehr hätte ich tun können, als meine Arme und Beine mir noch gehorchten. Aber anstatt darüber zu grübeln, was ich nicht konnte, sah ich nun die Chance, mehr zu tun. Ich war entschlossen, meine Ziele zu erreichen, wie groß oder klein sie auch sein mochten. Und das nicht nur für mich, sondern auch um meiner Familie, meinen Freunden, meiner Schule und all den Menschen, die mich so unglaublich toll unterstützt hatten, zu beweisen, dass ihre Zeit und Aufmerksamkeit sich gelohnt hatten.

Die »Diskussion« mit dieser Krankenschwester motivierte mich, sodass ich mich in meinen Physiotherapie-Sitzungen noch mehr anstrengte. Nur wenige Tage danach erfuhr ich, dass ich übers Wochenende nach Hause dürfte. Das war eine großartige Neuigkeit, aber mir war auch klar, dass ich den Luxus genoss, mich einfach zurückzulehnen und auf mein Zuhause zu freuen, während hinter den Kulissen eine Menge Arbeit nötig war, um das zu ermöglichen. Meine Versorgung war ein Vollzeitjob, und ohne die Pflegekräfte und Ärzte und sonstige hilfreiche Menschen, die alle nur ein Klingeln entfernt waren, lastete die ganze Verantwortung auf meiner Familie.

Wobei die anderen das nicht so zu sehen schienen. Seit meine neue Betreuerin die Möglichkeit erwähnt hatte, dass ich übers Wochenende nach Hause käme, hatte Mum sich mit dem Krankenhaus und unserer lokalen Gesundheitsbehörde beraten, um unser Haus entsprechend auszustatten: mit den nötigen Möbeln, Hilfsmitteln und Medikamenten. Außerdem hatte sie geübt, einen umgebauten Bus der Hilfsorganisation »Barbara Bus« zu fahren, den sie leihen würde, um mich vom Krankenhaus abzuholen und dorthin zurückzubringen. Ein Bett mit Rollen stand schon bereit. Aber am wichtigsten von allem war mir das, worauf ich hingearbeitet hatte: mein erster Termin mit Ruth.

Nach Hause zu kommen, das war fantastisch. Meine Mum hatte aus bunten Tapeten der Mustermappen, die sie für ihre Arbeit benutzte, ein »Welcome Home«-Schild gebastelt. Auch mein Dad und alle meine Brüder erwarteten mich. Es wurde ziemlich emotional, als sie mich durch die Haustür schoben. Erst da wurde mir bewusst, wie oft ich mir die Räume, das Licht und die Farben meines Elternhauses vorgestellt hatte, wie intensiv ich daran gedacht hatte, mit der Familie am Küchentisch zu sitzen oder mit meinen Brüdern im Fernsehen Rugby zu schauen. Trotzdem kann einen nichts darauf vorbereiten, wie es wirklich ist, wieder zurück zu sein –

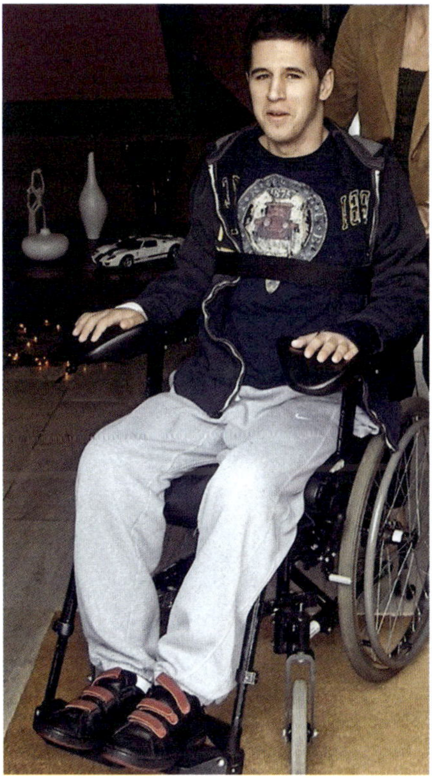

Der erste Tag, an dem ich zu einem Besuch nach Hause durfte. Da brauchte ich noch einen Brustgurt, um mich aufrecht zu halten, eine hohe Rückenlehne und Armstützen.

in der Wärme und Behaglichkeit des Ortes, an dem ich mein ganzes bisheriges Leben verbracht hatte. Zum ersten Mal verstand ich tatsächlich, was am Nachhausekommen so anrührend war.

Nach einer tränenreichen Begrüßung und einem Rundgang durchs Erdgeschoss – die Vorstellung, dass ich auf absehbare Zeit nicht mehr in mein Zimmer im oberen Stock kommen würde, war seltsam –, bei dem sie mir meinen neuen Schlafplatz für die erste Nacht zeigten, unter dem Fenster in einer Ecke der Küche, traf Ruth ein. Nur gute ein Meter fünfzig groß, sechzig Jahre alt, nüchtern und geradeheraus. Schon mit ihrer ersten Frage – »Also, Henry, was genau willst du können?« – machte sie sich daran, mir beim Erreichen meiner Vision, dass ich mich aus eigener Kraft aus dem Krankenhaus rollte, zu helfen. Keine Sekunde lang stellte sie meinen Ehrgeiz in Frage, und bald wurde uns klar, was James damit gemeint hatte, als er erzählte, ihr Horizont sei grenzenlos. Ich war schon so an die lehrbuchmäßige Sichtweise des Krankenhauses gewöhnt: Mit diesem Grad einer Verletzung kann man nur A und B machen, nicht C und schon gar nicht D. Als Ruth das quasi auf den Kopf stellte – wenn du A und B kannst, aber C nicht, dann bedeutet das keinesfalls, dass du nicht zu D, E und F in der Lage bist –, da wusste ich, sie war die Richtige für mich. In den Wochen seit meinem Unfall hatte ich schon so viel erreicht, dass es mir nichts ausmachte, etwas zu versuchen, das vielleicht nicht funktionieren würde. In dem Fall würde ich einen Schlussstrich darunter ziehen und entweder später erneut darauf zurückkommen oder eben etwas anderes probieren.

Gleich von Beginn an bezog Ruth meine Familie mit ein und zeigte den anderen, was sie für mich und mit mir tun konnten. Eine der besten Sachen an diesem ersten Tag war, dass sie Tom und Will – Dom war damals noch zu klein, und mein Dad hatte Rückenprobleme – den »Transfer« beibrachte, damit ich aus meinem Stuhl kam und auf dem Sofa liegen konnte. Dazu musste sich einer von ihnen vor mir quasi über meine Oberschenkel stellen, seine Arme unter meinen Achseln durchschieben und hinter meinem Rücken verschränken. Dann hieß es, mich eng an sich zu drücken und mit geradem Rücken aufzustehen, während derjenige mich mit nach oben zog. Ihre Anweisungen waren so klar und nüchtern: »Zieh ihn, Will! Er ist ja nicht aus Glas!« Da konnte man gar nicht anders, als es richtig machen, und musste auch nie mehr nachfragen.

Sie zeigte uns zudem neue und andere Übungen, die ich im Bett oder auf dem Sofa liegend absolvieren konnte. Und sie kannte all die kleinen Tricks ihres Berufs. Sie war so eine Art Mary Poppins der Physiotherapie, die alles mühelos, vernünftig und machbar erscheinen ließ.

Ich kehrte vollgestopft mit hausgemachtem Essen (meine Großeltern waren mit Unmengen von Selbstgekochtem noch zusätzlich zum Essen, das meine Mum zubereitet hatte, zu Besuch gekommen), hoffnungsvoll und noch entschlossener, am Ende selbst aus dem Krankenhaus zu rollen, auf die Reha-Station zurück. Weil die Physiotherapeuten dort ihre eigenen Methoden hatten und ich eigentlich keine private Hilfe in Anspruch nehmen sollte, erzählte ich dort nichts von Ruth. Aber es ließ sich nicht verbergen, dass ich nach jedem weiteren Wochenende zu Hause mit jeder Menge neuer Ideen zur Ausführung meiner Übungen zurückkehrte. Schon nach wenigen Wochen konnte ich von einem Rollstuhl mit Kopfstütze in einen ohne Kopfstütze wechseln. Das war auch in meinen Augen ein Riesenschritt und einer, der mein Selbstbild deutlich veränderte.

Nachdem die Kopfstütze weg war – »Gut *gemacht*, Henry!« –, trug Ruth mir auf, ich solle einen Rollstuhl mit Spezialrädern verlangen, deren Greifreifen mit kleinen Höckern versehen sind, die Menschen mit geringer Handbeweglichkeit helfen, den Stuhl in Bewegung zu setzen. Die Klinik stellte mir so ein Ding zwar zur Verfügung, aber meine Anfrage machte die Physiotherapeuten nur noch misstrauischer, denn schließlich konnte ich meine Hände ja überhaupt nicht bewegen. Wenn es ihnen nicht sowieso schon klar gewesen war, dann wussten sie jetzt bestimmt, dass ich mit jemand außerhalb des Krankenhauses arbeitete. Als ich Ruth das nächste Mal traf, zeigte sie mir einen Brief des Chefs der Physiotherapie in der Klinik. Darin machte er klipp und klar deutlich, dass sie aufhören solle, mich zu besuchen. Von wegen. Sie warf den Brief einfach beiseite, griff nach meinen Armen und legte meine Hände auf die hinteren Noppen. Dann ließ sie mich die Zugbewegung visualisieren. Ich schloss die Augen und konzentrierte mich mit all meiner mentalen Kraft darauf, meine Trapezmuskeln, Brust- und Rückenmuskeln anzuspannen, die ich ja alle nicht spüren konnte, und nach unten auf die Räder zu pressen. Ich brauchte mehrere Anläufe, und weil ich all diese Muskeln so wenig benutzt hatte, war es hauptsächlich eine Bewegung aus Willenskraft, aber irgendwann funktionierte es. Die Bewegung war winzig klein, anfangs kaum wahrnehmbar. Auf diese Weise hätte ich zehn Jahre gebraucht, um mich aus meinem Zimmer lediglich bis zum Parkplatz zu schieben. Trotzdem kam mir jeder Bruchteil davon schon wie eine Meile meiner Möglichkeiten vor. Ich verbrachte tatsächlich Stunden damit, zu Hause zu üben. So weit ich es in der Küche und im Wohnzimmer schaffte, wobei die mentale und körperliche Anstrengung enorm kräftezehrend und zugleich beflügelnd war.

Das bedeutete einen Wendepunkt, denn als die Physiotherapeuten des Krankenhauses sahen, wie hart ich arbeitete, um Druck auf die Räder auszuüben, wie entschlossen ich war, Bewegung zu erzielen, da begannen sie, ohne es je explizit anzusprechen, ernsthaft mit mir zu arbeiten und auf das aufzubauen, was ich jeweils am vorangegangenen Wochenende gelernt hatte. Ich bekam einen noch kleineren Rollstuhl – einen ganz gewöhnlichen – mit nur leicht erhöhter Rückenlehne, um im Gleichgewicht zu bleiben. Sie erklärten mir, dass noch niemand mit einer solchen Verletzung je in so einem Stuhl gesessen habe.

Ruth schien der Ansicht, ich sei nun bereit, e-motion-Räder auszuprobieren, wie James sie benutzte. Als der Vertreter einer Rollstuhlfirma das nächste Mal zu mir kam – ich staunte immer wieder darüber, was den Patienten alles zum Kauf angeboten wurde –, da bat ich ihn, mir so ein Exemplar ins Krankenhaus zu bringen. Es schenkte mir ein Gefühl von Unabhängigkeit, als ich mit der eingeschalteten Fernsteuerung um meinen Hals, Handschuhen mit eingebauten Schienen, damit meine Hände steif blieben, und darüber noch fingerlosen Lederhandschuhen für bessere Haftung auf den Greifreifen all meine Konzentration auf meine Schultern richtete und mit einer Riesenanstrengung in Bewegung kam. Nachdem ich es einmal raushatte, konnte ich gar nicht wieder aufhören und übte so viel wie möglich, die Station rauf und runter, hin und her durch die Eingangshalle. Leute von überall im Krankenhaus kamen, um mir zuzusehen. Und es fühlte sich großartig an. Damit war ich meinem ultimativen Ziel im Krankenhaus noch näher gekommen und nun im echten Trainingsmodus.

Als sie sahen, wie glücklich ich in diesem Rollstuhl war und wie gut ich zurechtkam, gelang es meinen Eltern, ein Vorführmodell der Firma zu erstehen. Seit meinem Unfall war ein Fond gegründet worden. Dank der Großzügigkeit von Freunden, Verwandten und durch Fundraising-Aktivitäten am Dulwich College und an der Berkhamsted School war darin schon einiges zusammengekommen, womit ich Ausrüstung und private Physiotherapie bezahlen konnte. Schon von Anfang an hatten mich die Unterstützung und Zuneigung gerührt, aber als es um etwas so Konkretes wie einen Rollstuhl ging, der für mich einen derart großen Fortschritt bedeutete, war ich vor Dankbarkeit überwältigt. Sobald ich wusste, dass niemand mir diesen Rollstuhl wieder wegnehmen oder mich in einen ungeeigneten verfrachten würde, fühlte ich mich sicher und bereit.

Die Woche vor meiner Entlassung war seltsam. Ich freute mich, war aber auch besorgt, wie es sein würde, ohne die Unterstützung auszukommen, die ich vom Krankenhaus so gewohnt war. Was, wenn etwas schiefging oder meine Familie nicht zurechtkam? Ich durchlebte durchaus dunkle Momente des Zweifels, meist abends, kurz vor dem Einschlafen. Tagsüber konzentrierte ich mich mehr denn je auf meine Fortbewegung aus eigener Kraft. Es gab mehrere Besprechungen mit Ärzten, Pflegekräften und Ergotherapeuten, bei denen wir meine Medikamente, die vom örtlichen Gesundheitsamt zur Verfügung gestellten Hilfsmittel und die nötigen Hygienemaßnahmen durchgingen. Man gab uns Unmengen an Ausstattung mit, vor allem am Bein zu befestigende Urinbeutel. Jeden Tag nahm meine Familie schon etwas aus dem Zimmer mit, etwa die Karten, Zeichnungen und Fotos von Wänden und Regalen, meine Kleidung, DVDs und anderes Zeug, das sich angesammelt hatte.

Und dann war der Tag gekommen. Nach sechs Monaten im Krankenhaus wurde ich entlassen. Ich hatte schon eine Weile nicht mehr geweint und tat es selbst an diesem letzten Tag nicht, denn das Wichtigste war, allen zu zeigen, dass ich mich selbstständig nach draußen schieben konnte. Vom Bett zum Parkplatz. Eine Entfernung, die ich sechs Monate zuvor in wenigen Minuten zurückgelegt hätte, die sich jetzt jedoch meilenweit anfühlte. Als ich, mit den Händen auf den Greifringen, im Rollstuhl saß, standen die Pflegekräfte der Station zu beiden Seiten des Flurs und bildeten mit ihren Armen einen Tunnel, durch den ich fahren sollte. Schon in den Tagen davor hatte es viele Umarmungen und Tränen gegeben. Nicht zuletzt weil meine Mum und das Personal sich eng befreundet hatten. Als ich jetzt meine Fahrt begann, wurde wieder viel geweint. Durch den Tunnel, hinaus in die Lobby, von dort durch die Tür nach draußen und auf den Parkplatz. Will und Dom erwarteten mich neben dem Auto. Während ich meine Schultern so heftig wie nur möglich abwärtsdrückte, schob ich mich ohne Bewegung in ihnen oder Kontrolle über meine Arme hinaus ins Licht, auf meine lächelnden Brüder zu.

Ich hatte es geschafft.

6

Aus eigenem Antrieb

Ich hatte mich aus eigener Kraft aus dem Krankenhaus gerollt, jetzt war ich zu Hause. Endgültig dort zu sein, das erforderte schon eine gewisse Gewöhnung, vor allem weil ich mich auf neue Pflegekräfte, zusätzlich zu meiner Familie, verlassen musste, auf die ich in welcher Form auch immer rund um die Uhr angewiesen war. Auch hier waren wieder die positive Einstellung und der Zusammenhalt ausschlaggebend – entscheidend ging es nicht zuletzt darum, mir Raum und Gehör zu geben, um meine eigenen Bedürfnisse zu äußern. Genauso wichtig war Teamarbeit und die unausgesprochen von uns allen eingenommene Haltung, immer nach vorn zu schauen.

Wenn ich jetzt speziell an diese Zeit zurückdenke, wird mir klar, um wie viel stärker ich mental und emotional geworden war. Während Mum, Dad und meine Brüder das berühmte Glas mehr oder weniger schon immer als halb voll betrachteten, war ich eher besorgt, zurückhaltend und vorsichtig in fast allen Bereichen gewesen. Jetzt hatte ich das Gefühl, ihnen mit meiner neu entdeckten Resilienz etwas zurückzugeben, während sie so viel für mich taten. In der relativ kurzen Zeit seit meinem Unfall war ich deutlich entschlossener geworden und viel furchtloser, Neues auszuprobieren, selbst wenn es dann nicht funktionierte. Irgendwie war es mir gelungen, meinen Verstand auf eine Weise umzuprogrammieren, dass ich es vermeiden konnte, mich mit den falschen Dingen aufzuhalten. Stattdessen schaffte ich es meist, die richtigen Dinge in den Blick zu nehmen. Die, bei denen mein Einsatz durch Fortschritte – mochten sie auch noch so klein sein – belohnt wurde. Wir hatten alle erkannt, dass wir stärker wurden, wenn wir uns auf das Machbare konzentrierten, anstatt auf das Unmögliche. Für mich war am wichtigsten die Erkenntnis, dass erst die Kunst des Bemühens dem Leben Bedeutung gibt und dass ich mich umso lebendiger fühle, je größer die vor mir liegende Herausforderung ist. Denn je größer die Herausforderung, desto größer ist auch die Chance, meine Ziele zu erreichen, und je größer die Ziele, desto besser kann ich werden.

Diese neu gewonnene Lebenseinstellung wollte ich mir unbedingt bewahren und mich damit auf meine nächsten Ziele konzentrieren. Mir war klar und vielleicht sogar klarer als alles andere, was ich je in meinem Leben verstanden hatte, dass ich gesund bleiben und so fit wie nur irgend möglich werden musste. Physische Stärke, wie begrenzt auch immer, würde zu meiner mentalen Robustheit beitragen und umgekehrt. Deshalb konzentrierte ich mich in den nächsten paar Wochen auf meine Übungsstunden mit Ruth, die jetzt zwei- bis dreimal pro Woche kam und auf neue, intensive Weise mit mir arbeitete. Ich liebte das – meinen Körper dank ihrer erfahrenen Anleitung unter Kontrolle zu haben, neue Übungen auszuprobieren, mit denen ich meinen Rücken kräftigen konnte, obwohl ich ihn nicht spürte, einfach durch mentales Fokussieren, damit ich in meinem einfachen Rollstuhl ohne Stütze bleiben konnte. Wenn sie gerade nicht da war, verbrachte ich Stunden auf dem FES-Rad, das wir mit dem Geld gekauft hatten, das Leute auf so wundersame Weise gesammelt und mir zur Verfügung gestellt hatten.

Es gab in dieser Phase aber durchaus auch Herausforderungen. Ich war anspruchsvoll und fordernd, vielleicht sogar ein bisschen zwanghaft bei den Anweisungen, wie genau meine Hände auf die Kissen in meinem Schoß gelegt werden sollten oder welcher Song genau dann laufen musste, wenn ich eine bestimmte Übung absolvierte. Genauso wie ich in dem Moment, als ich zum ersten Mal nach meinem Unfall das Tageslicht wieder sah, von Dankbarkeit überwältigt war, empfand ich auch jetzt an jedem einzelnen Tag Dankbarkeit für irgendetwas. Nach wie vor retteten mich diese großen kleinen Dinge, die ständig passierten – ein nettes Wort, eine hilfreiche Geste, Nachrichten von Freunden sowie die nicht endende Unterstützung durch die Freunde meiner Eltern. Wenn Menschen an einen denken, kann man sich Hindernissen leichter stellen.

Nach diesen ersten Wochen der Anpassung und als sich eine gewisse Routine eingestellt hatte, kam ich ein bisschen zum Nachdenken und begann nach meiner nächsten großen Herausforderung zu suchen. Einer Herausforderung, die mich voranbringen würde. Schon bei dem bloßen Gedanken surrte es in meinem Kopf, und mein Herz raste. Als ich auf dem Rad saß, nahm die Idee immer konkretere Form an, und ich beschloss, mit meinen Eltern zu besprechen, was sie davon hielten.

Obwohl ich in der Schule kein zweiter Einstein war, war ich doch ein einigermaßen guter und gewissenhafter Schüler gewesen. In den Prüfungen für mein GCSE, meinen Realschulabschluss, hatte ich ganz gut abgeschnitten, war aber mit der Schule noch nicht fertig. Ich hatte mit den AS-Levels begonnen, wollte das College abschließen und die Hochschulreife erlangen. Eine Sache halb fertig abzubrechen, das war noch nie mein Ding gewesen. Schon als Kind hatte ich Stunden und Stunden damit zugebracht, komplexe Lego-Konstruktionen fertigzubauen, mit denen sich meine Familie bereits ewig herumgeschlagen hatte. Die Vorstellung, wieder zur Schule zu gehen, hatte mich schon länger beschäftigt, sogar schon bevor ich das Krankenhaus verließ. Als ich meinen Eltern erklärte, ich wolle das letzte Schuljahr abschließen, waren sie zwar überrascht, aber auch sofort bereit, mich zu unterstützen. Danach folgten einige Monate mit Gesprächen mit den zuständigen

Leuten am Dulwich College und Überlegungen, was überhaupt möglich war.

Mein Verstand war ja in keiner Weise beeinträchtigt. Und da ich zum Lernen nicht mehr brauchte, erschien es zumindest mir absolut machbar, in die Schule zurückzukehren. Ich wollte aber keine halben Sachen machen und auch nicht an eine Schule, die nahe bei unserem Wohnort lag, wechseln. Stattdessen wollte ich als Internatsschüler, der an den Wochenenden nach Hause fuhr, ans Dulwich College, um dort wie jeder andere den Unterricht zu besuchen, und ein Leben führen, das so normal wie möglich sein sollte.

Das Dulwich College ist ein geradezu visionärer Ort, wo man Dinge anpackt. Wegen der Aufgeschlossenheit und bedingungslosen Kooperationsbereitschaft der Lehrer und anderen Mitarbeiter lag es für mich durchaus im Bereich des Möglichen, dorthin zurückzukehren. Man tat wirklich alles, damit ich an die Schule konnte. Seit den ersten Tagen nach meinem Unfall hatte ich bereits unglaubliche Unterstützung erfahren. Und so kehrte ich zu Schuljahresbeginn tatsächlich zurück, um meine A-Levels zu absolvieren: Ich wählte Sport und Wirtschaft als Hauptfächer. Wir einigten uns mit der Schule darauf, dass eine komplette Woche zu viel für mich und deshalb eine verkürzte – von Sonntagabend bis Donnerstagnachmittag – besser wäre. Ein

Pfleger wohnte bei mir, um mich im Alltag zu unterstützen. Großzügig stellte die Schule uns das komplette Erdgeschoss in einem der Wohnheime zur Verfügung. Jeder von uns hatte ein eigenes Zimmer, wobei meins von der Schule entsprechend adaptiert und ausgestattet wurde. So bekam ich etwa einen speziellen Duschstuhl im Badezimmer und zusätzliche Heizungen installiert, die mich warm halten sollten, weil mein Körper es nicht spürte, wenn ich zu sehr auskühlte.

Meine Eltern waren zunächst skeptisch, wie ich diese neue Herausforderung meistern würde. Das war ich auch, und es dauerte eine Weile, bis ich mich eingewöhnt hatte. Mein Zimmer war durchaus nett, aber natürlich nicht mein Zuhause mit der vertrauten Helligkeit und Bequemlichkeit. Obwohl ich meinen Pfleger und Unterstützung durch die Schulmitarbeiter hatte, war ich doch viel auf mich selbst gestellt und musste ohne die ruhige, zuverlässige Anwesenheit meiner Mum zurechtkommen. Mir war auch bewusst, wie körperlich und emotional anstrengend die neue Umgebung und der Alltag sein würden. Jeden Tag um Viertel vor sechs aufstehen und gegen elf Uhr schlafen gehen – und dazwischen einen gefüllten Tag absolvieren –, das war enorm. In den ersten Wochen verlangte mir das eine Menge Entschlossenheit und Willenskraft ab. Die Schuluniform – aus Oberhemd, Blazer, Anzughose und Krawatte – war nicht gerade mein gemütlichstes Outfit. Und sie anziehen zu müssen bedeutete nicht unbedingt den besten Start in den Tag. Was mich fast am meisten nervte –, dass der oberste Hemdknopf nicht zuging – wurde irgendwie eine Riesensache für mich und brachte mich ein paarmal fast aus der Fassung. Weil mein Hals so viel kräftiger war und überhaupt nicht mehr den Proportionen meines übrigen Körpers entsprach, konnte ich kein Hemd finden, das an dieser Stelle passte. Das ärgerte mich wahnsinnig. Es ist schon seltsam, wie sich manchmal die kleinsten Dinge zu einer enormen Sache ausweiten. Man hätte doch meinen können, dass ich genug andere Sorgen hatte.

Immerhin wurde mir erlaubt, die allmorgendliche Schulversammlung zu schwänzen, weil ich immer so lange brauchte, bis ich fertig war. Außerdem hatte ich das Glück, dass meine Stunden größtenteils so lagen, dass sie am späteren Vormittag stattfanden, sodass ich nie zur ersten Stunde da sein musste. Die Schule hatte sogar meinen Unterricht im Fach Sport in das Klassenzimmer für Wirtschaft verlegt. Das verringerte die Entfernung, die ich zwischen zwei Fächern zurücklegen musste, wenn sowieso alle aus dem Unterricht kamen und zur nächsten Stunde eilten. Man erlaubte mir zudem, zwischendurch wenn nötig ein Nickerchen zu machen, obwohl ich wild entschlossen war, niemals während einer meiner Stunden einzuschlafen.

A-Levels in zwei Fächern, das bedeutet nicht gerade einen randvollen Stundenplan, weshalb ich mir auch Mühe gab, nie eine Stunde zu versäumen. Trotzdem gab es so viele stille und unaufdringliche Hilfen, die mir von der Schule gewährt wurden. Dinge, an die man gedacht und die man umgesetzt hatte, ohne dass ich oder meine Eltern auch nur danach fragen mussten. Dadurch bekam ich nie das Gefühl, jemand eine Last zu sein. Wenn ich eine Hausarbeit nicht im geforderten Zeitraum fertigbekam, störte sich keiner meiner Lehrer daran, obwohl keine Nachsicht geübt wurde, wenn es um die Bewertung meiner manchmal zusammengewürfelten Aufsätze ging. Die fertigte ich an den Wochenenden zu Hause mit Hilfe eines Spracherkennungsprogramms an. Und dann waren da noch die kleinen Gesten, die mir das Gefühl gaben, jemand kümmert sich um mich: wenn die Hausmutter des Wohnheims mir meine Lieblingsschokolade in die Schreibtischschublade legte oder die für mein Haus zuständigen Tutoren am Ende des Tages noch zum Plaudern bei mir vorbeischauten, um Neuigkeiten auszutauschen und zu sehen, wie ich zurechtkam.

Weil ich den Großteil der Woche in der Schule verbrachte, konnte ich Ruth nicht treffen, sodass die Anzahl meiner Therapiestunden zurückging. Das traf mich hart. Allerdings war ich inzwischen schon ziemlich einfallsreich und hatte bei Problemen eher schon eine Lösung im Blick. So kaufte ich mir eine »Rolling Road«, eine Art kompaktes Laufband, auf das mein Pfleger mich schob und auf dem ich dann ein paar Stunden lang trainierte, indem ich mit dem Druck meiner Schultern die Reifen in unterschiedlichem Tempo bewegte, je nachdem wie müde ich schon war. Wenn meine Freunde oder Tutoren nach der Lernzeit zum Plaudern vorbeikamen, fanden sie mich oft beim Work-out vor, denn ich versuchte, meinen Muskeltonus zu halten, um für die nächste Therapiestunde zu Hause mit Ruth bereit zu sein. Jede Woche zählte ich die auf diese Weise zurückgelegten Meilen und war glücklich in meiner neuen Komfortzone der Fortbewegung aus eigener Kraft.

Seit meiner Rückkehr an die Schule hatte ich ganz schön zugenommen. Mrs. Maguires Schokoladen trugen definitiv dazu bei, aber ich aß auch drei ziemlich große Mahlzeiten pro Tag. An einer Schule nur für Jungen wurde eben Wert auf kalorienreiches Essen gelegt. Ich brauchte auch Energie, um fit zu bleiben, aber als ich mit der Schule fertig war, sah ich mich einmal zufällig in einem Spiegel und war entsetzt darüber, wie fett ich aussah. Dabei war ich immer schlank und fit gewesen. Meiner neu entdeckten Entschlossenheit gemäß nahm ich mir vor, meine Essgewohnheiten zu ändern. Seither achte ich äußerst genau darauf, was ich esse, und verzichte in der

Regel auf eine große Mahlzeit zu Mittag, weil ich mich sonst am Nachmittag irgendwie lethargisch und nutzlos fühle.

Logischerweise konnte ich mir während des Unterrichts keine Notizen machen oder einen Computer benutzen, daher schlug die Schule vor, jemand solle für mich mitschreiben. Also gaben wir eine Anzeige auf und fanden Hayley, eine Psychologiestudentin, mit der ich mich auf Anhieb gut verstand. Sie war witzig und perfekt organisiert, außerdem kam sie mit allen gut aus. Es war fantastisch, dass sie im Unterricht an meiner Seite war und Notizen für mich machte. Zwar hatte sie selbst weder Sport noch Wirtschaft belegt gehabt, aber am Ende des Schuljahrs hätte sie die Prüfungen auch ablegen können, so sehr hatte sie sich in beide Fächer vertieft. Sie war so klug und verfügte über eine so rasche Auffassungsgabe, dass wir zu einigen der schwierigeren Themen spannende Diskussionen führten, die mich noch einmal weiterbrachten.

Zum A-Level in Sport gehört auch ein praktischer Teil, den ich nicht absolvieren konnte, deshalb schlug einer meiner Lehrkräfte der Prüfungskommission vor, ich könne wegen meiner besonderen Situation ein Projekt mit praktischem Aspekt durchführen. Er hatte auch die Idee, ich solle einige Rugbyspiele analysieren. Und zwar mit Hilfe einer neuen Technik, die Mannschaften der Premier League gerade erst eingeführt hatten, um Taktiken und einzelne Spielzüge zu analysieren. Er sorgte dafür, dass ein Experte kam und mir – sowie natürlich auch Hayley, die die Daten für mich eingeben würde – erklärte, wie das Ganze funktionierte. Dieser praktische Teil meiner Abschlussarbeit machte mir am meisten Spaß, und bald war Hayley Expertin auf einem weiteren Gebiet, von dem sie vor unserer Begegnung noch keine Ahnung gehabt hatte.

Meine Freunde waren inzwischen bereits alle mit der Schule fertig. Den Großteil des Jahres, als sie ihre A-Levels gemacht hatten, hatte ich im Krankenhaus und daheim verbracht. Die einzige Ausnahme war mein Freund Ollie, der während meines AS-Level-Jahres für ein Halbjahr im Rahmen eines Rugby-Austausches aus Kapstadt zu uns gekommen war. Jetzt war er für das ganze Schuljahr hier, um seine A-Levels zu absolvieren. Ich freute mich so, ihn dazuhaben, und bald verbrachten wir den Großteil unserer Freizeit zusammen. Unsere Freundschaft hatten wir praktisch wieder dort aufgenommen, wo wir sie unterbrochen hatten, als er damals nach Kapstadt zurückgekehrt war. Ich kannte ein paar der Jungs aus dem Jahrgang unter mir, und oft kamen meine alten Kumpel, die sich gerade im Jahr zwischen Schule und Uni befanden, und jene, die schon mit dem Studium begonnen hatten, auf einen Besuch vorbei. Wer schon weggezogen war, hielt trotzdem Kontakt, erkundigte sich, wie es mir erging, und blickte selbst nach gerade mal ein paar Monaten schon wehmütig auf die eigene Schulzeit zurück. Ein paar der Jungs arbeiteten vor dem Studium auch an der Schule, als Nachhilfelehrer oder Sportcoach für die Jüngeren, und auch sie kamen regelmäßig und verbrachten Zeit mit mir.

Schule bedeutet ja nicht nur Unterricht und Lernen. Der soziale Aspekt ist genauso wichtig. An den meisten Tagen bewegte ich mich ja nur in dem kleinen Dreieck zwischen meinem Zimmer, dem Block, in dem mein Jahrgang Unterricht hatte, und dem Speisesaal. Trotzdem begegnete ich da auch oft Jungs aus den anderen Jahrgangsstufen. Es war erstaunlich, wie normal man mit mir umging, auch wenn sich anfangs einige der Jüngeren etwas schüchtern verhielten. Aber sobald ich Teil des Schullebens wurde und sie sahen, dass ich reden und bei manchen Sachen auch mitmachen konnte, tauten sie auf und grüßten mich, was mich wirklich freute.

Während ich also glücklich war und mit der Schule gut zurechtkam, war der körperliche Tribut enorm. So müde war ich noch nie gewesen. Das führte so weit, dass ich jede Woche, sobald ich Donnerstagnachmittag bei Mum im Auto saß, auf der Stelle einschlief und erst drei oder vier Stunden später in unserer Einfahrt wieder auf-

Chillen mit Freunden in der Klinik

wachte. Ich hatte einfach zu tief geschlafen, als dass Mum und mein Pfleger mich ins Haus hätten bringen können. Weil ich trotzdem entschlossen war, meine wöchentlichen Termine mit Ruth beizubehalten, waren die Wochenenden die einzige Zeit, um mich zu entspannen und zu erholen. Mein Unfall lag erst dreizehn Monate zurück, und ich merkte nicht wirklich, dass mein Körper noch zusätzliche Ruhe brauchte. Die meiste Zeit war ich müde und litt oft an Blaseninfektionen. Deshalb versäumte ich auch innerhalb des Schuljahrs gute fünfzehn Wochen Unterricht.

Trotzdem schaffte ich es. Im Juni saß ich wie alle anderen in den Prüfungen. Genauso gestresst und nervös. Hayley durfte nicht für mich schreiben, da sie ja den ganzen Unterricht besucht hatte und so vielleicht bessere Antworten als ich hätte geben können. Daher schrieb eine Lehrerin für mich. Ich bekam eine Menge zusätzlicher Zeit und diktierte ihr tatsächlich meine Antworten. In der Prüfung im Fach Wirtschaft brachte sie so circa sechzehn Seiten für mich zu Papier. Nachdem ich einmal losgelegt hatte, konnte ich mich fast nicht bremsen und gab – hoffentlich einigermaßen schlüssig – praktisch alles wieder, was ich gelernt hatte. Es ist seltsam, schriftliche Fragen mündlich zu beantworten. Dabei entgeht einem die Selbstkontrolle des Schreibens, und man kann diese kleinen Korrekturen, die man dabei automatisch vornimmt, nicht machen. Zuerst versuchte ich unwillkürlich, die Körpersprache der Lehrerin zu verstehen. Vielleicht würde sie ihre Haltung ändern oder fragend dreinblicken, wenn ich etwas falsch oder unbeholfen beantwortete. Aber bald kam ich in Schwung und konzentrierte mich darauf, Zusammenhänge herzustellen. Wirtschaft war heftig – all die Theorien, die man sich nur mit Mühe merken konnte, von der Wiedergabe ganz zu schweigen –, aber ich fand das Thema so interessant und fesselnd, dass ich ganz passable Antworten geben konnte.

Nachdem ich bei den Prüfungen erreicht hatte, was ich mir vorgenommen hatte, konnte ich die Zeit zur Bestandsaufnahme nutzen. Ich wollte mich noch mehr auf die Dinge konzentrieren, die mir möglich waren,

Fortschritte erzielen und meine Schulzeit so beenden wie alle anderen, die ihre A-Levels absolviert hatten. Obwohl ich viel häufiger krank gewesen war, als ich es für möglich gehalten hätte, was meiner Familie viel Kummer und Sorgen bereitet hatte, war die Rückkehr an die Schule die richtige Entscheidung gewesen. Ich beendete meine Schulzeit mit Würde und unendlich dankbar.

Wieder zu Hause zu sein, das bedeutete eine neue Phase der Anpassung. Nur dass ich mich diesmal so viel unabhängiger oder weniger abhängig fühlte. Dabei musste nicht nur ich mich anpassen. Meine Eltern hatten in ihren früheren Alltag zurückkehren können, solange ich die Schule besuchte, weil sie wussten, dass ich sicher und gut versorgt war. Jetzt war ich mit meinen täglichen Anforderungen wieder da, und noch dazu in völlig ausgelaugter körperlicher Verfassung. Den Großteil des kommenden Jahres verwendete ich darauf, wieder zu Kräften zu kommen. Bis zu dreimal pro Woche arbeitete ich mit Ruth. Und es funktionierte. Schon nach wenigen Monaten war ich so gut in Form wie noch nie seit meinem Unfall und schaffte von manchen Übungen bis zu zweihundert Wiederholungen. Ich fühlte mich wieder gesund und wohl, weniger müde, aufmerksam, und natürlich brauchte ich eine neue Herausforderung.

Schon gleich nachdem ich das Krankenhaus verlassen hatte, hatte ich mit Hilfe von Spracherkennungssoftware eine Webseite eingerichtet. Damit sollten all jene, die etwas zu meiner Genesung beigetragen hatten – und das teilweise immer noch taten –, sehen können, wie es mir ging und wie sehr ihre Großzügigkeit meine Fortschritte vorantrieb. An der Schule hatten Lehrer sie genutzt, um jüngere Schüler über meinen Unfall zu informieren, da ich auch darüber geschrieben hatte. Im Laufe der Zeit hatte ich nur hin und wieder ein Update verfasst – Schreiben liegt mir nicht gerade im Blut. Doch nun verfügte ich über die nötige Zeit, also machte ich mich daran, den nächsten Teil meiner Geschichte zu erzählen. Dafür benutzte ich mein iPad, das ich während des letzten Schuljahrs zu Weihnachten bekommen hatte.

Offenbar gelang mir das nicht schlecht, denn bald fragten ein paar Jungs, die meine Brüder und ich kannten, ob ich nicht etwas für ihre Rugby-Webseite schreiben könne. Sie schlugen vor, dass ich die Spieler von Schul- und Universitätsteams interviewen und analysieren sollte. Außerdem baten sie mich um Verbesserungsvorschläge für jüngere Spieler. Ich machte mir ein bisschen Sorgen wegen meiner Art zu schreiben, aber da ich über das Thema, um das es ging, wirklich viel mit meinen Brüdern sprach, gelangen mir wenn auch nicht literarische, so doch unterhaltsame Artikel.

Es ist erstaunlich, was es bewirken kann, wenn man sich zwingt, die eigene Komfortzone zu verlassen. Ich hatte mir Sorgen gemacht, dass sich nach dem Ende der Schule und nachdem ich mich wieder in bessere körperliche Verfassung gebracht hatte, eine große Leere auftun würde, von der ich nicht wüsste, wie sie zu füllen wäre. Aber dann begriff ich, dass das Nutzen von Gelegenheiten, sobald sie sich ergaben und selbst wenn sie eine ziemliche Herausforderung darstellten, das Leben erst interessant machte. Als ich einen Anruf vom Sportagenten meines Bruders Will bekam, der meine Texte gelesen und gemocht hatte, und er mich fragte, ob er mit dem US-Sender ESPN Kontakt aufnehmen solle, weil man dort vielleicht Verwendung für mich hätte, da zögerte ich nicht, sondern war sofort einverstanden. Ich hatte einen richtigen Lauf, denn als ich für die Webseite von ESPN schrieb, wurde einiges davon von Sky übernommen, was wiederum dazu führte, dass der CEO der Saracens mir einen Drei-Tage-die-Woche-Job anbot. In der Hauptsache musste ich Sachen vor dem Spiel auf die Webseite bringen, etwas über die aufgestellten Teams schreiben, Statistiken besorgen und – hauptsächlich per E-Mail – die Spieler interviewen.

Dass ich jetzt Geld verdiente, gab mir ein gewisses Gefühl von Unabhängigkeit und Wert. Ich hatte immer gedacht, dass ich nach den A-Levels an der Uni weitermachen würde, aber meine aktuelle Situation erlaubte mir, auch andere Optionen zu erwägen. Schließlich verdiente ich Geld und machte etwas, das ich mir nicht besser hätte erträumen können. Wenn ich selbst nicht mehr Rugby spielen konnte, dann war das Nächstbeste definitiv, dafür bezahlt zu werden, dass ich über etwas schrieb, das schon immer meine Leidenschaft gewesen war.

Edward Griffiths, der CEO der Saracens, behielt mich im Blick. Eines Tages fragte er mich, ob ich je daran gedacht habe, öffentlich zu reden. Das verschlug mir für ein, zwei Augenblicke die Sprache. Wenn ich mir schon das Schreiben nicht zugetraut hatte, dann waren Reden in der Öffentlichkeit noch eine ganze andere Liga. Ich hatte das Sprechen vor vielen Menschen schon immer gehasst und konnte nicht einmal ein Referat vor meinen Klassenkameraden halten. Daran gedacht hatte ich nur insofern, als ich diejenigen meiner Kumpel beneidete, die öffentlich debattierten und das Wort ergriffen. Nie hätte ich das Selbstvertrauen aufgebracht, es ihnen gleichzutun, aber nach kurzem Zögern erwiderte dieses neue Ich, ja, ich hätte schon darüber nachgedacht, sei bis jetzt aber noch nicht dazugekommen, es zu tun. Da bot Edward sofort an, einen seiner Kollegen zu engagieren, der mich coachen würde. Und bevor ich mich versah, arbeitete ich mit David Priestley, einem erfahrenen Psychologen. Wir nahmen alle Inhalte meiner Webseite, kondensierten das, was ich geschrieben hatte, so stark, dass jede Rede maximal eine halbe Stunde dauern würde. Wie er arbeitete, das war eine echte Kunst, denn es gelang ihm, die Einzelheiten der Ereignisse zu erhalten, aber auch die wichtigsten Zusammenhänge, die sich mir seither erschlossen hatten, zum Ausdruck zu bringen. Wenn man sich so unmittelbar mit dem eigenen Leben auseinandersetzt, insbesondere nachdem es derart komplett aus den Fugen geraten ist, dann kann man schwer Abstand dazu gewinnen und über den Vorfall selbst hinausblicken, um zu erkennen, welche Details, wenn überhaupt, von Interesse sind. Warum sollte irgendwer, der mich überhaupt nicht kennt, sich durch das, was mir passiert ist, angesprochen fühlen? – Vom Schockfaktor einmal abgesehen. Es war ja schließlich nicht so, dass jeder tagtäglich ins Meer sprang und meine Geschichte die Leute davon abhalten würde. Ich war nicht berühmt, hatte keine bahnbrechenden Erkenntnisse gewonnen und nichts Eindrucksvolles geleistet. Noch dazu war mir ungemein wichtig, keine Rede zu halten, die sentimental oder selbstmitleidig rüberkam – so war ich nie und bin ich nicht. Wie sollte ich jedoch jemals von meinen Erfahrungen erzählen, ohne die bedingungslose Liebe und Unterstützung meiner Familie zu erwähnen? Die Freundlichkeit der anderen? All die großen kleinen Dinge, die uns das Leben so sehr erleichtert hatten? Das war nicht leicht. Wir hatten unsere Mühe damit.

Nach ein paar Terminen meinte David, er würde einen Tag »im kommenden April«, nämlich 2014, für meinen ersten Vortrag festlegen. Da mir der April noch so unendlich weit weg erschien, als würde er nie kommen, willigte ich ein. Aber dann war auf einmal schon März, und plötzlich stand mein schlimmster Albtraum kurz davor, Wirklichkeit zu werden. In der Woche vor dem eigentlichen Vortrag ließ David mich als Probedurchlauf vor sechs Leuten sprechen, die auch bei den Saracens arbeiteten. Das war zwar hilfreich, aber ich musste trotzdem dauernd an die etwa fünfzig Leute denken – Spieler aus der ersten Mannschaft, verschiedene Mitarbeiter, Leute aus dem Vorstand –, vor denen ich ein paar Tage später auftreten sollte. Die ganze Woche über war ich ein Wrack, gedankenverloren, panisch, dass alles schiefgehen würde und die Leute sich einer nach dem anderen rausschleichen würden, bis ich allein in meinem Rollstuhl vor einem leeren Saal saß. Vielleicht, dachte ich, als ich wieder aus einem entsprechenden Albtraum aufwachte, war ich mit dieser Herausforderung doch zu weit gegangen.

Am Tag der Veranstaltung traf ich Will und ein paar andere Spieler beim Mittagessen. Ich selbst war zu aufgeregt, um irgendwas zu essen. Ich klapperte mit den Zähnen und konnte kaum sprechen. David brachte mich in den Saal, bevor alle anderen sich dort versammelten;

damit ich mich davon überzeugen konnte, dass alle technischen Dinge funktionierten – der Overheadprojektor, der Laptop, auf dem er durch meinen Vortrag scrollen würde, während ich sprach. Es war ein herrlicher Tag, und die Sonne schien herein, als ich vorgestellt wurde, und alle klatschten. Die Gesichter der Leute lagen im Schatten, sodass ich nicht erkennen konnte, ob sie direkt zu mir schauten. Das half mir und fühlte sich an, als sei die Natur auf meiner Seite. Der Saal war ziemlich groß, sodass ich mich bequem umsehen konnte, was es auch einfacher machte. Als es still wurde, war eine freundliche Erwartung zu spüren, und ich sagte mir: *Lass dich nicht selbst im Stich, sondern erzähl denen, was sie deiner Meinung nach hören sollen.* David lächelte mir zu, und ich begann zu sprechen.

Nach der ersten Zeile lief es wie von selbst. Vielleicht hatte ich ja schon die ganze Zeit unbewusst darauf gewartet, meine Geschichte zu erzählen. Vielleicht wollte ich mitteilen, was ich durchgemacht hatte, und es damit anderen erleichtern zu erkennen, dass es mir gut ging, obwohl ich Tetraplegiker war, was für ein Team aus Profi-Rugbyspielern wohl den schlimmsten Albtraum darstellte. Als ich fertig war und die Zuhörer applaudierten, war die Erleichterung unendlich. Plötzlich fühlte ich mich dreißig Zentimeter größer. Als könne ich aufrecht dasitzen und den Leuten direkt in die Augen schauen.

Als Leute nach vorne kamen, um mir persönlich zu gratulieren, war ich überwältigt.

Seit damals habe ich nicht zurückgeblickt und spreche regelmäßig in Sportvereinen, bei Wohltätigkeitsveranstaltungen und in Schulen. Ich habe schon vor weniger als zehn Leuten und vor mehreren Hundert Menschen geredet, aber ich kann immer noch nicht fassen, dass es mir gelungen ist, eine meiner größten Ängste zu überwinden. In jeder Rede gibt es diesen einen Moment, wenn ich aus mir selbst heraustrete und meine Stimme in der Stille höre. Dann denke ich: *Bin das wirklich ich?* So ist es, und wenn ich bei dieser ganzen Erfahrung eines gelernt habe, dann dass es nur eine Option ist, sich im Leben geschlagen zu geben. Wenn man sich etwas vornimmt und hart arbeitet, um es zu erreichen, dann lassen sich Ängste überwinden, und persönlicher Erfolg ist machbar. Das hat mir ein bis dahin ungekanntes Selbstvertrauen geschenkt.

Die Arbeit für die Saracens hat mein Leben auf eine Weise bereichert, die ich nicht für möglich gehalten hätte. Trotzdem hatte ich Ende 2014 das nagende Gefühl, ich hätte nicht mehr viel beizutragen, würde meine Artikel wie am Fließband verfassen, meinen Schreibstil nicht mehr weiterentwickeln. Meine Stimme und Analysefähigkeit kamen mir nicht mehr frisch vor. Ich hatte den Eindruck, mich wahrscheinlich stärker auf meine

Vorträge konzentrieren zu sollen. Zunächst bat ich um eine Auszeit, damit ich mir überlegen konnte, was ich tun wollte. Wie immer waren Edward und sein Team unglaublich großzügig. Sie gewährten mir eine dreimonatige Pause und suchten sich jemand, der mich in dieser Zeit vertrat.

Ein paar Wochen später, während ich ungeduldig ans Bett gefesselt war, damit eine wunde Stelle an meinem Rücken heilte, stieß ich auf etwas, das ein neues Kapitel in meinem Leben bedeuten sollte.

7

Ein Ziel gibt Sinn

Im Bett liegen zu müssen, damit ein hartnäckiger Dekubitus, ein Wundliegegeschwür, heilt, das ist natürlich nie schön. Jeweils zwanzig Minuten musste ich auf der einen, dann auf der anderen Seite liegen, um Luft an meinen Rücken zu lassen, danach mit Kissen gestützt sitzen, um Druck auf die Wunde zu vermeiden. All diese Umlagerungen bedeuteten, dass mein Pfleger mich ständig bewegen musste. Meine Beine wurden gekreuzt, dann wieder gestreckt, ich wurde gedreht, zum Sitzen hochgezogen, und das alles nervte mich. Außerdem langweilte ich mich. Langweilte mich zum Verrücktwerden. Nur im Sitzen konnte ich mein iPad benutzen, und auch dafür brauchte ich eine Menge Hilfe – Kissen auf dem Schoß, das iPad auf die Kissen –, noch dazu kann man nur eine begrenzte Menge an Spielen spielen oder Serien gucken.

Als ich eines Morgens durch verschiedene Apps blätterte, stieß ich auf ein ganz einfaches Malprogramm und lud es mir herunter. Als ich jünger war, hatte ich eigentlich immer gern gemalt, aber später hatte das nachgelassen. In der Schule hatte ich für meine GCSE-Prüfungen und AS-Levels aber noch Kunst als Fach belegt. Jetzt war ich neugierig zu sehen, ob ich die App mit meinem Mund-Stick bedienen konnte. Diesen Stick benutzte ich schon seit einiger Zeit – wir hatten so etwas auf der Webseite von Christopher Reeve gesehen. Mein Dad, der inzwischen ein Meister darin war, Sachen für mich zu adaptieren, hatte einen Eingabestift mit einem Mundstück versehen, sodass ich damit schreiben und jetzt auch zeichnen konnte. Meine Familie hatte mir sogar schon vorgeschlagen, es mal damit zu versuchen, nachdem sie die unglaublich vielfältigen mundgemalten Kunstwerke an den Wänden des Stoke Mandeville Hospital gesehen hatten. Aber weil ich damals noch in meinem alten Verhaltensmuster feststeckte – nichts ausprobieren, was auch schiefgehen könnte –, hatte ich dieser Idee nicht viel Beachtung geschenkt. Auf meinem iPad hatte ich ein Foto von Jonny Wilkinsons Dropgoal beim World Cup, also versuchte ich, das

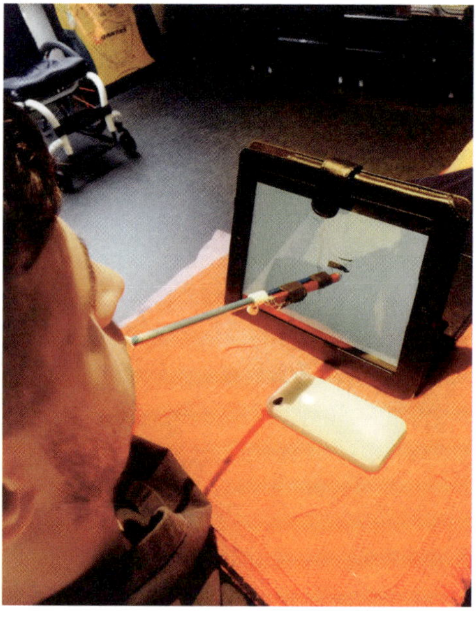

Zeichnen mit meinem iPad. So entstanden meine ersten Arbeiten.

abzumalen. Es dauerte ewig. Der Bildschirm war klein und mein am Ende relativ breiter Stift nicht besonders exakt. Da ich sowieso in reizbarer Stimmung war, kam mir das Ganze zunächst ziemlich unmöglich vor. Aber als ich mich in die Sache vertiefte und so oft zwischen der App und dem Foto von Wilkinson hin und her geklickt hatte, dass ich das Bild schon im Kopf hatte, nahm mein Werk Gestalt an. Mir fiel auch wieder ein, wie gern ich früher gemalt und gezeichnet hatte und wie lange es her war, dass ich es getan hatte. Also hielt ich durch und teilte das Ergebnis in den sozialen Medien.

Es gefiel den Leuten, was wiederum mich total motivierte. Es ist ja immer schön, wenn Leute, die man nicht persönlich kennt, sich die Mühe machen, freundliche oder positive Kommentare zu schicken. Das ist echter Zuspruch. Ich hatte zu dem Zeitpunkt schon einiges getweetet und auf Facebook veröffentlicht. Darüber, wie Dinge aus meiner Perspektive wirkten, wie mein Leben aussah und wie ich gelernt hatte, mich an meine Situation anzupassen und ihr Positives abzugewinnen. Die meisten Reaktionen und Kommentare waren auch wirklich nett. Aber ich bekam auch ein paar bösartige Rückmeldungen. Die reichten vom Vorwurf, ich müsse ja lügen – wie könne ich denn wohl tweeten, wenn ich meine Arme nicht benutzen könne? –, bis zur gehässigsten, ein paar

Monate nachdem ich mit dem Malen angefangen hatte. Da schrieb mir eine Frau, ich hätte sterben sollen und verdiene es eben nicht, meine Arme und Beine noch zu benutzen, nachdem ich ins flache Wasser gesprungen sei. Es entsetzte mich immer, wenn Leute sich so benahmen, aber ich war schon früh entschlossen, maßvoll und gelassen auf so etwas zu reagieren, um niemand weiter zu provozieren, sondern in der Hoffnung, durch Freundlichkeit Einsicht zu bewirken.

Ermutigt durch diejenigen, denen mein Bild gefiel, und erleichtert, weil die zum Malen nötige Konzentration mich davon ablenkte, dass ich im Bett bleiben musste, wählte ich das Foto von Lewis Hamilton nach seinem Sieg in der Formel 1 als Motiv für meinen zweiten Versuch. Ich gewöhnte mich schon merklich an die App, aber mitten bei der Arbeit an meinem nächsten Projekt – einem Porträt von Chris Hoy – stürzte das Programm ab. Weil ich so oft hatte unterbrechen und wieder neu anfangen müssen, hatte ich meine Bilder natürlich gesichert, aber als ich die App erneut runterlud, stellte sich heraus, dass man damit keine schon vorhandenen Bilder wieder hochladen konnte.

Eine der besten Folgen meines Unfalls ist, dass ich inzwischen eine gewisse Geduld besitze und ich mir die Zeit nehme, ein Problem zu durchdenken. Anstatt das Malen ganz aufzugeben und mich irgendeiner anderen

Sache zuzuwenden, wie ich es vielleicht früher getan hätte, suchte ich nach weiteren Apps und fand schließlich eine, die Sketch hieß. Hier gab es eine große Auswahl an Zeichentools und eine Unmenge Farben. Ich malte damit weitere Bilder von Sportlerinnen und Sportlern, die ich schon immer bewundert hatte. Bald war meine wundgelegene Stelle verheilt, und ich konnte wieder im Wohnzimmer sitzen. Inzwischen fühlte ich mich sowohl körperlich als auch mental wieder gut. Offenbar gab das Malen meinem Alltag Sinn; so machte ich weiter und wurde ehrgeiziger.

Eines Tages kamen Charlotte und Martin, Freunde meiner Eltern, zu Besuch und sahen sich bei der Gelegenheit meine Bilder auf dem iPad an. Martin schlug vor, eine Staffelei zu bauen, die ich vom Rollstuhl aus nutzen könne. Es war rührend, wie andere Menschen nach wie vor versuchten, Dinge aufzutun, die mir vielleicht helfen würden. Ein paar Wochen später tauchte Martin mit einer großen Holzkonstruktion auf, in die man mich hineinschieben konnte. So hatte ich die Ablage vor mir und das Gestell um mich herum. Von Dankbarkeit überwältigt beschloss ich sogleich, es mit Arbeiten auf Papier zu versuchen.

Online suchte ich nach Mundstücken, an denen ich Bleistifte, Tintenstifte und Pinsel befestigen konnte, und fand ein paar wirklich coole, die leicht und relativ einfach zu benutzen waren. Dann fing ich an, damit zu zeichnen. Mein erstes Bild war das von Rory McIlroy für eine Auktion im Rahmen eines Golfturniers, das ein Freund von uns organisieren wollte. Eigentlich hatte er an diesem Tag Geld für mich sammeln wollen, aber weil ich mich mit den Einnahmen aus meinem Trust gut versorgt fühlte, schlug ich vor, für die britische Stem Cell Foundation zu spenden. Ich sollte ohnehin eine Rede vor den Gästen halten, aber nun hatte ich auch etwas zur Versteigerung beizutragen. Vorher machte ich mir Sorgen, ob überhaupt jemand für das Bild bieten würde, denn das wäre peinlich gewesen. Mit großer Erleichterung konnte ich jedoch erleben, wie es für eine beachtliche Summe wegging.

Anscheinend waren meine Werke also nicht zu schrecklich. Nach diesem Ereignis legte ich richtig los, zeichnete jeden Tag, manchmal stundenlang, und fertigte ausschließlich Bleistiftporträts an. Ich hatte rausgefunden, dass man am besten mit den Augen beginnt, die meiner Ansicht nach den Charakter einer Person am besten spiegeln. Von da aus arbeitete ich weiter, fügte nicht zu viele Details hinzu, sondern versuchte eher darzustellen, was die Person ausmachte. Witzigerweise erregte mein Porträt von Audrey Hepburn – mein erstes Auftragswerk – viel Aufmerksamkeit in den sozialen Medien. Es gab sogar Anfragen von Leuten, die es kaufen wollten.

Beim Malen von »Boot am Strand«

Nach ein paar weiteren Monaten hatte ich schon einige Aufträge. Dann trat Leckey, der Hersteller meines Rollstuhls, an mich heran, weil man dort die Bilder online gesehen hatte. Die Firma bot mir eine speziell angefertigte Staffelei an, mit der ich auch malen konnte. Vier Monate nachdem ich begonnen hatte, auf dem iPad zu zeichnen, eröffnete sich dadurch eine neue Welt für mich. Bald kam ich davon ab, etwas erst zu skizzieren, und benutzte sofort den Pinsel, was mir enormen Freiraum gab. Ich benutzte Wasserfarben, weil die am ehesten verzeihen. Dass ich den Pinsel selbst auswaschen, gleich weitermalen konnte und ihn nicht oft wechseln musste, steigerte meine Konzentration erheblich.

Da ich am Tisch in unserem Wohnzimmer male, in das durch viele Fenster reichlich Licht fällt, muss ich nicht bei künstlicher Beleuchtung arbeiten. Wie sich herausstellte, klappte es am besten, wenn ich gegen Mittag anfing und in der Regel vier oder fünf Stunden weitermachte, bis ein Bild fertig war. Mein Betreuer schob mich dafür so nah an die Staffel wie nötig, legte meine Arme auf die Kissen in meinem Schoß, breitete ein Tuch darüber, an dem ich meine Pinsel trocknen konnte, und legte dann noch eine Decke am Boden aus, damit ich nicht lauter Farbflecken hinterließ. Schließlich stellte er das Radio noch auf einen Musiksender und ging. Ich bin immer noch gern allein, wenn ich male, weil ich mich dann wirklich in das Motiv vertiefen kann und in der Regel auch nicht aufhöre, bis ich fertig bin. Dabei muss ich aufpassen, dass ich mich nicht verletze. Das Vorbeugen, um die Pinsel abzuwischen, in die Farbe und ins Wasser zu tauchen und mich dann wieder aufzurichten, um die Leinwand zu erreichen, kann meinem Nacken und dem oberen Ende meines Rückens schaden. Gleichzeitig muss ich aufpassen, damit ich nicht zu viel Druck auf meine Rumpfmuskeln ausübe.

Mit Farbe zu malen ist etwas ganz anderes als das Zeichnen mit Bleistift. Ich rief mir Techniken in Erinnerung, von denen ich in der Schule gehört hatte, und begann mit Farben und mehreren Schichten zu experimentieren. Mit kleineren Pinseln gelang es mir, den Bildern mehr Tiefe und Licht zu geben. Nun nahm ich auch Aufträge an, einige waren Tiere und Landschaften. Ich musste flexibel sein und brauchte eine Weile, um mich in diesen neuen Sujets wohlzufühlen.

Entstehung von »Der König des Dschungels«

Lehrkörper und Schüler des Dulwich Colleges interessierten sich nach wie vor sehr für meine Fortschritte, und so fragte man mich, ob ich eine private Vernissage in der Schule veranstalten wolle, und zwar schon im Herbst, am 14. Oktober 2015. Damals war gerade ein neuer dreistöckiger Bau für Naturwissenschaften eröffnet worden, zu dem auch ein atemberaubendes lichtdurchflutetes Atrium gehörte, in dessen Mitte das Boot ausgestellt war, mit dem Sir Ernest Shackleton, ein ehemaliger Schüler, mit seiner Mannschaft eine gefährliche Expedition in die Antarktis unternommen hatte. Ich musste mir selbst ein wenig gut zureden, dass meine Bilder auch nur annähernd gut genug wären, um ausgestellt zu werden. Auf der anderen Seite ging es seit meinem Unfall ja ständig um neue Türen und darum, aus jeder Chance das Beste zu machen, wie unwahrscheinlich etwas auch sein mochte. Also sagte ich Ja.

Kurz vor dieser privaten Vernissage, bekam ich den Auftrag, ein Bild von Chris Robshaw, dem Kapitän der englischen Rugbymannschaft, zu malen. Und zwar für die Titelseite von »The Scrum«, der Beilage der *Times* anlässlich des Weltcups. Noch nachdem ich das Bild an den Art Director geschickt hatte, glaubte ich nicht wirklich, dass er es verwenden würde. Deshalb musste ich auch ein paarmal tief Luft holen, als ich das fertige Heft in Händen hielt. Ich bekam einige ausgesprochen nette

Rückmeldungen dazu und Anfragen wegen Kopien. Als würden weitere Farbschichten auf eine Leinwand aufgetragen, gab mir das alles mehr Selbstvertrauen auf dem Weg zu meiner eigenen Ausstellung.

Die Vorbereitungen waren ein wenig hektisch. Wir beschlossen, insgesamt vierundzwanzig Bilder aufzuhängen, damit der Raum gut gefüllt war. Das Rahmen, Transportieren und Hängen der Werke bedeutete eine ganz neue Welt für mich. Als schließlich alle Bilder in dieser magischen neuen Umgebung platziert waren, freute ich mich sehr. Die Schule hatte verschiedene Gäste eingeladen, und vor ihnen hielt ich eine kurze Rede über meine Kunst. Während meiner üblichen Erfahrung, bei der ich quasi aus mir heraustrat und mich selbst sprechen hörte, versagte mir zum ersten Mal bei einem Auftritt in der Öffentlichkeit die Stimme, weil ich dermaßen gerührt war. Ich weiß gar nicht, was an diesem Anlass so speziell war, vielleicht dass alles so schnell gegangen war und diese vielen Leute tatsächlich hier waren, um meine Bilder zu sehen. Kurz vorher hatte ich angefangen, limitierte Fotoabzüge meiner Lieblingsbilder machen zu lassen, und an diesem Abend wurde eine Menge davon verkauft. Noch Tage später meinte ich, das alles nur geträumt zu haben.

Seit es mit der Kunst so gut lief und ich gleichzeitig noch Anfragen für Vorträge bekam, war mir klar, dass ich Hilfe beim Organisieren und Verwalten brauchte. Diane war eine Frau, die wir kannten, weil sie schon bei Events geholfen hatte, die für mich veranstaltet worden waren und mir das Leben so viel leichter gemacht hatten. Ich fragte sie, was sie von einer weiteren Ausstellung hielte, und sie schlug dafür The Grove, ein Hotel und Konferenzzentrum in der Nähe vor. Sie rief dort an, und vielleicht lag es an dieser Nachbarschaft und daran, dass in der Lokalpresse über meine Bilder berichtet worden war, jedenfalls stellte man uns den neuen Anbau völlig kostenlos zur Verfügung. Wir entschieden uns daraufhin für eine private Eröffnung am 8. und die öffentliche Ausstellung am 9. Juli 2016.

Vierundzwanzig Bilder in meiner alten Schule auszustellen war eigentlich schon Herausforderung genug gewesen. Aber eine wirklich allgemein zugängliche Ausstellung war etwas, womit ich nie im Leben gerechnet hatte. Aber andererseits, was in meinem Leben verlief schon planmäßig? Wir überlegten uns, dass wir etwa fünfzig Bilder benötigen würden, und so malte ich in den nächsten Monaten fast ununterbrochen. Und ich hatte Panik. Ich malte und geriet in Panik, und manchmal war mir einfach alles zu viel. Diesmal lag die Organisation bei uns – wen sollte man einladen, was war für die private und die öffentliche Veranstaltung vorzubereiten, wie sollte ich meine Abzüge verkaufen? Und wenn gar niemand kam? Nicht mal diejenigen, die ich eingeladen hatte?

Die Vorbereitung lief nicht gut, und mehrmals fragte ich mich, ob ich mir nicht zu viel zugemutet hatte, nämlich mehr als ich realistisch betrachtet schaffen konnte. Oft wachte ich nachts mit einem Gefühl von Enge in der Brust auf und dachte, das wäre einfach Angst, Nervosität – nichts Körperliches. Deshalb erzählte ich auch niemand davon. Ich hatte jetzt keine Zeit, krank oder schwach zu sein, und schob die Brustenge auch auf die Überlastung durch zu viel Beugen und Strecken beim Malen.

Was mir auch ein bisschen Sorge bereitete, war die Bitte von The Grove, ich solle doch ein paar bekannte Gesichter einladen. Da der Bau nagelneu war, wünschte man sich so viel Publicity wie nur möglich, und dabei wollte ich auch gern behilflich sein. Also aktivierte ich meine Kontakte, vor allem zu Rugbyspielern, zum Fernsehen und zu Sportjournalisten. In meinen Nachrichten schilderte ich den Leuten, worum es an diesem Abend gehen würde. Zu meinem großen Erstaunen sagten mehrere ihr Erscheinen zu. Als die Ausstellung immer näher rückte, bezweifelte ich immer noch, dass sie wirklich auftauchen würden, und ließ mir trotzdem von Freunden und Familie versichern, dass sie bereitstehen würden, um sich mit ihnen zu unterhalten und sich bestmöglich um sie zu kümmern.

E293

Boot am Strand

Als Titel meiner Ausstellung wählte ich *Hand to Mouth,* da ich ja offensichtlich Dinge, die ich früher mit meinen Händen getan hatte, nun mit dem Mund erledigen musste. Und auch weil »von der Hand in den Mund leben« bedeutet, dass man nur über begrenzte Mittel verfügt, was auf meine Beweglichkeit zutraf. Als wir darangingen, die Bilder zu hängen, ließ meine Mum sich geduldig (und irgendwann auch ungeduldig) von mir herumkommandieren: *Nein, noch einen halben Millimeter nach links* – bis alles fertig war. Der Anbau sah wundervoll aus, da durch die großen Glasflächen so viel Licht hereinflutete.

Meinen Befürchtungen zum Trotz tauchten mehrere der »Promis«, die ich eingeladen hatte, tatsächlich auf, was für einigen Wirbel sorgte. Ich hatte entschieden, den großen Raum noch geschlossen zu halten, während ich im Foyer eine kurze Ansprache hielt. Dort hingen einige meiner gemalten Sprüche, außerdem war ein Video zu sehen, auf dem ich einige dieser Bilder malte. Nachdem ich meine Rede gehalten hatte, öffneten wir die Türen in den eigentlichen Ausstellungsraum, was eine gewisse Spannung erzeugte. Hier war auf einem großen Bildschirm zu sehen, wie ich »Hawkeye«, mein Bild von einem Adler, malte. Meine ganze Aufregung legte sich allmählich, und ich begann, mich zu entspannen, und verbrachte den restlichen Abend mit unzähligen

Der König des Dschungels

Gesprächen. Ich schaffte es, mich mit allen etwa hundertfünfzig Gästen zu unterhalten, und war erst nach Mitternacht wieder zu Hause. Erschöpft, aber auch begeistert.

Der folgende Tag war sonnig, und normalerweise hätte ich mir nach einem so anstrengenden Abend einen ganzen Tag Ruhe gegönnt. Aber stattdessen war ich schon mittags wegen der öffentlichen Ausstellung wieder im The Grove. Und wieder machte ich mir Sorgen, dass vielleicht niemand von den geladenen Gästen erscheinen würde. Aber auch da irrte ich mich. Im Lauf des Tages besuchten knapp tausend Leute die Ausstellung. Sie standen sogar geduldig Schlange, einige warteten ewig,

Adler auf Schwarz

um mit mir persönlich zu sprechen, und es wurden so viele Abzüge gekauft, dass manche Motive danach fast ausverkauft waren. Ohne Pause sprach ich sechseinhalb Stunden mit Besuchern, während mein ungläubiges Staunen und Adrenalin mich durchhalten ließen.

Diane, Dom, seine Freundin und noch ein Freund von ihm kümmerten sich um den Verkauf. Die drei beliebtesten Motive waren »Der Gorilla«, »Der Löwe« und »Audrey Hepburn«. Schon nach wenigen Stunden waren sie ausverkauft, und rückblickend hätten wir deutlich mehr davon machen sollen. Ich signierte meine Abzüge in limitierter Auflage auch gern und freute mich, das bei zweihundertfünfzig Stück zu tun. Wegen der schönen Räumlichkeiten und des tollen Parks von The Grove machten viele Leute einen richtigen Ausflug hierher: Sie besuchten die Ausstellung, gingen dann noch Mittagessen oder spazierten durch den Park.

Als ich an jenem Abend nach Hause kam, war ich fix und fertig. Nachdem das Hochgefühl durch die Ausstellung nachgelassen hatte, wurde klar, dass die Enge in meiner Brust, die ich ja quasi ignoriert hatte, nicht von selbst wegging. Nach der Ausstellung waren wir in Dorset gewesen, wo ich nach wenigen Augenblicken in der Sonne – was ich ja eigentlich liebe und gut vertrage – knallrot wurde und dermaßen zu frieren begann, dass meine Zähne klapperten. Über mehrere Stunden konnte ich nicht aufhören zu zittern, sodass meine Eltern schließlich einen Notarzt riefen. Die verabreichten Antibiotika halfen nichts, und es ging mir so schlecht, dass ich Blut erbrach. Um es kurz zu machen: Ungefähr eine Woche lang ging es mir extrem schlecht; zum ersten Mal nach meinem Krankenhausaufenthalt war ich ernstlich krank und fühlte mich schlechter als an dem Tag, als meine Cousinen und Cousins mich im Krankenhaus hatten besuchen wollen und bereits nach kürzester Zeit wieder hatten gehen müssen. Nie wieder würde ich ein unangenehmes Gefühl in meiner Brust ignorieren.

Ich erholte mich nur langsam und kam währenddessen zu der Erkenntnis, dass ich mich etwas bremsen musste. Denn je mehr ich erreichte und je mehr Zeit das beanspruchte, desto sorgsamer musste ich auf meine körperliche Gesundheit und mein seelisches Wohlbefinden achten. Der Versuch, mein Physiotherapie-Training beizubehalten und gleichzeitig die Deadlines für die Ausstellung zu halten, hatte mich ausgelaugt. Diese Erfahrung lehrte mich, nicht so streng mit mir selbst zu sein, weil eine sonst mögliche Erkrankung mich einfach drei Schritte zurückwarf.

Trotzdem hätte ich mir von der Ausstellung nicht mehr erhoffen können: der Veranstaltungsort, die Anzahl der Besucher, die Zusammenarbeit meiner Familie und meiner Freunde, um meine Bedürfnisse und Wünsche zu erfüllen. In stillen Momenten fand ich es immer noch ziemlich verwunderlich, dass es mir gelungen war, genügend Bilder fertig zu kriegen, die dann auch noch so gut angekommen waren. Doch all diese Bilder sowie die Auftragsbilder, die ich zuvor schon zugesagt hatte, zu malen sowie die Infektion in der Brust und die emotionale Belastung durch meine Sorge, dass keiner kommen würde, das hätte mir fast den Rest gegeben. So beschloss ich, etwas kürzer zu treten.

Schon seit einer Weile hatte ich Aufträge für Bilder

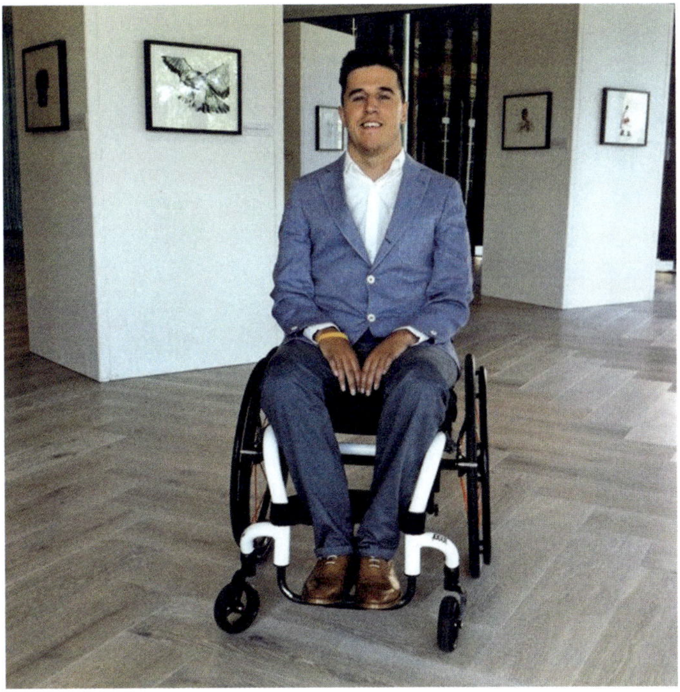

Bei meiner ersten öffentlichen Ausstellung
im Jahr 2016.

angenommen. Anfangs waren diese von Verwandten und Freunden gekommen, aber seit ich eine Webseite für meine Werke hatte, kamen auch Anfragen von anderen. Meist waren die Motive Haustiere, Angehörige oder Dinge, die demjenigen einfach viel bedeuteten. Meinen bisherigen Lieblingsauftrag verdanke ich zwei Freunden, Josh und Lizzie. Das Paar hatte mich, jeder ohne das

Wissen des anderen, um ein Bild als Geschenk gebeten. Sie hatten bis nach der Ausstellung warten müssen, aber sobald es ging, machte ich mich an die Arbeit. Lizzie hatte sich ein Bild von Joshs Vater gewünscht, wie er seinen Sohn mit Champagner bespritzt, nachdem der gerade den London Marathon absolviert hat. Josh wollte ein Bild mit einem Blick auf die Clifton Suspension Bridge, in deren Nähe die beiden noch zu ihrer Zeit an der Uni in Bristol in einer Bar ihr erstes Date hatten. Dort gibt es alljährlich ein Heißluftballon-Festival, das ich mit aufs Bild gebracht habe. So wurde daraus ein buntes, fröhliches Gemälde, das mir wirklich gefiel. Es war wegen der schnurgeraden Brücke auch mein bislang kompliziertestes Bild. Das mit der Perspektive und den Winkeln richtig hinzukriegen, war eine echte Herausforderung gewesen.

Weil meine Fertigstellung sich verzögerte und beide Bilder als Geburtstagsgeschenke gedacht gewesen waren, mussten sie einander verraten, was sie sich ausgedacht hatten. Ich lud sie gleichzeitig ein, und es war so cool, mit anzusehen, wie jeder sein Bild präsentiert bekam. Das Bild für Lizzie stand auf meiner alten Staffelei, das für Josh auf der neuen. Zuerst zeigte ich ihnen das eine, dann das andere. Dabei kam ich mir wie ein richtiger Künstler vor, der sei Werk enthüllt. Erleichtert stellte ich fest, dass es meinen Auftraggebern gefiel und die Überraschungen gelungen waren.

Die meisten meiner Aufträge machen mir beim Malen Spaß. Die Leute schicken mir in der Regel ein paar Fotos, damit ich entscheiden kann, welches sich am besten als Vorlage für mich eignet. Dann studiere ich diese Vorlage einige Zeit, um das Motiv so genau kennenzulernen wie möglich. Haustiere sind ein besonders dankbares Sujet. Ein Mädchen, die Schwester eines Freundes von mir noch aus der Grundschule, bat mich per E-Mail, für seinen Geburtstag ein Bild von ihren Hunden zu malen. Einer davon war bereits ein Jahr vorher gestorben, aber weil es die Haustiere ihrer Kindheit gewesen waren und die Hunde sich auch untereinander sehr gemocht hatten, erstellte ich mit Photoshop eine Collage, auf der sie sich eng – und lebendig! – aneinanderkuschelten. Der schwierigste Auftrag nach der Hängebrücke war ein Segelboot, das ich wegen seiner Größe seitlich geneigt malen musste. Aber auch mit der Farbe des Segels ging einiges schief, weil ich sie einfach nicht richtig hinkriegte. Ich musste sogar noch mal ganz von vorn beginnen. Etwas, das mir insgesamt nur vielleicht dreimal passiert ist.

Es gibt auch Dinge, die ich nicht malen kann. So musste ich einige Anfragen, wie zum Beispiel Gruppen von

Steve McQueen

Menschen, ablehnen. Um jeden unterzubringen, müsste ich die Gesichter relativ klein malen, und dann komme ich irgendwann an den Punkt, wo zu viele Details auf zu engem Raum mir zu schwerfallen. Allerdings habe ich einen Vater mit seinen zwei Kindern gemalt, weil das Motiv mich so berührte. Der Mann schaute auf seine Kinder hinunter, sodass von seinem Gesicht nur wenige Details zu erkennen waren. Und die Kinder waren noch relativ klein und daher leichter abzubilden.

Einige Aufträge sind so erstaunlich, dass ich mich am liebsten zwicken möchte. Nach meinem Unfall hatte die Matt Hampson Foundation mich als einen ihrer Begünstigten akzeptiert, wovon ich sehr profitierte, als ich von dem Geld, das man dort für mich gesammelt hatte, einen Crosstrainer kaufen konnte. Matt, oder Hambo, wie er auch genannt wird, verletzte sich während einer Trainingseinheit der englischen U21-Rugbymannschaft im Jahr 2005 und war danach vom Hals abwärts gelähmt sowie auf ein Beatmungsgerät angewiesen. Die von ihm gegründete Stiftung soll anderen nach Sportverletzungen helfen, und sein Grundsatz – *Get busy living! Los geht's mit Leben!* – in Kombination mit seiner Großzügigkeit, Vision und seinem Wunsch, anderen zu helfen, beeindruckte mich dermaßen, dass ich seine Arbeit sobald wie möglich unterstützen wollte. Als er mir erzählte, die Supermarktkette Sainsbury's wolle meine Bilder für ihren Kalender 2017 nutzen, war ich außer mir vor Freude. Ich wurde gefragt, ob ich noch neue Bilder von Paralympioniken malen könne. Dafür wählte ich die drei Sportlegenden Ellie Simmonds, David Weir und Jonnie Peacock aus. Die Stiftung hat gerade begonnen, das Get Busy Living Centre, eine neue supermoderne Rehabilitationseinrichtung, zu bauen. Die Einnahmen aus meinem Kalender gehen direkt an dieses Projekt.

Mehr als alles andere prägt mich inzwischen meine Kunst. Und doch kann ich, wenn Leute mich fragen, ob ich mich als Künstler sehe, darauf nicht ohne kurzes

Zögern mit Ja antworten. Ich habe das Gefühl, die Ehre, ein Künstler zu sein, verdient man erst, nachdem man eine Weile als solcher gearbeitet hat. An diesen Punkt möchte ich erst noch kommen. In meinem Profil in den sozialen Medien bezeichne ich mich als *mouth artist,* und genau das bin ich. Für die Bezeichnung Künstler fühle ich mich noch nicht reif. Schließlich ist es erst ein paar Jahre her, dass ich im Bett liegend mit Zeichen-Apps experimentiert habe. Es gibt noch eine

Mit meiner Familie nach der Verleihung
des Blyth Spirit Award im Rahmen der Players' Awards
der Rugby Players Association (RPA) 2016

Menge über Techniken, über unterschiedliche Farben zu lernen, und meinen eigenen Stil muss ich erst noch finden.

Was ich aber heute schon weiß: Ein Unglück hat mir ein Talent geschenkt; es hat mir ermöglicht, eine Fähigkeit zu entdecken, von deren Existenz ich sonst nie erfahren hätte. Und dafür bin ich zutiefst dankbar.

8

Jeder Tag ist ein guter Tag

Ich staunte, als die gemalten Sprüche, die ich im Foyer meiner Ausstellung *Hand to Mouth* ausgestellt hatte, so gut ankamen und für so viel Gesprächsstoff sorgten. Und zwar am Tag der Ausstellung ebenso wie hinterher, als Leute Abzüge davon kauften. Ich hatte mir diese Worte sorgsam überlegt, aber eine solche Wirkung nicht erwartet. Wenn ich heute darüber nachdenke, glaube ich, es lag daran, dass die Leute über sie, anders als bei einer Zeichnung oder einem Bild, einen direkten Zugang zu meinen Gedanken fanden. Und daran, dass die von mir gewählten Worte – »Accept and Adapt«, »Be Grateful«, »The Little Big Things« und »Every Day is a Good Day« – Einblick in meinen seelischen und körperlichen Zustand gaben und gleichzeitig meine Lebenseinstellung widerspiegelten.

Es scheint, dass meine Situation und meine Behinderung die Leute auf ganz unterschiedliche Weise beschäftigen. Angefangen bei der Frage, wie ich simple Alltagsdinge schaffe, bis zu der Überlegung, wie ich es schaffe, so positiv zu bleiben. Die gemalten Sprüche haben wohl etwas davon auf den Punkt gebracht. Dabei hat sich mir die Kraft der Worte erst spät erschlossen. In der Schule war ich kein großer Fan der englischen Literatur und guckte nur gelegentlich in ein Buch, meistens Sportler-Biografien. Erst als ich im Krankenhaus lag und all die Worte las und immer wieder las, die andere so überlegt und sorgsam gewählt hatten, um Entsetzen, Mitgefühl, Hoffnung und Zuneigung auszudrücken, da hatte ich die Zeit und war bereit, die Kraft der Worte auf mich wirken zu lassen.

Seither versuche ich, wenn ich über meine Situation spreche und vor allem wenn es im Rahmen eines Vortrags geschieht, mit meiner Ausdrucksweise etwas zu bewirken. Man kann Dinge ja mit unzähligen Worten sagen, aber sie richtig zu sagen – indem man gleichzeitig die eigenen Gefühle und eine gewünschte Botschaft vermittelt und dabei auch noch sich selbst treu bleibt –, das ist ganz schön schwierig. Ich habe nach wie vor Mühe, in meinen Reden oder auf meiner Webseite die richtigen Worte zu finden, aber die Sätze, die ich gemalt habe, bedeuten mir viel.

»Accept and Adapt«, dieses Motto kam mir schnell in den Sinn, da es die Basis meines weiteren Weges bildet. Wir kommen alle mal in schwierige Situationen und müssen irgendwann in unserem Leben mit Not oder Unglück klarkommen, manche mehr, manche weniger. Aber sich mit einem Problem irgendwie zu arrangieren, das ist etwas anderes, als sich ihm zu stellen und es zu akzeptieren. Man mag mit einer Krankheit oder plötzlich veränderten Lebensumständen geschlagen sein und nur über den Tag kommen, indem man sich auf das Machbare konzentriert. Aber wenn man dann seine Gedanken nur auf die Hoffnung richtet, dass es besser wird, oder wenn man das unvermeidliche Resultat leugnet, fährt man bald vor die Wand. Ich glaube, erst nachdem man eine Diagnose – und die daraus abzuleitende Prognose – *akzeptiert,* kann man wirklich weitermachen.

Bis zu dem Zeitpunkt, als ich im Stoke Mandeville zum ersten Mal in einem Rollstuhl saß und mich selbst noch nicht wirklich gesehen hatte, hatten in meinem Kopf noch Gedanken herumgespukt, dass vielleicht doch noch alles in Ordnung kommen würde, dass es vielleicht »besser« würde und ich schließlich aus dem Bett aufstehen, durch die Tür hinausspazieren und mein Leben aus der Zeit vor Portugal wieder fortsetzen könnte. Doch als ich dann mein Spiegelbild in den Glastüren und das Ausmaß dessen sah, was passiert war, nach dieser kummervollen Nacht nach einem langen Tag, als ich so tief abstürzte, wie ich es mir vorher gar nicht hätte vorstellen können, da fand ich Akzeptanz. Mit der Erkenntnis, dass es tiefer nicht ging, kam ich zu dem Entschluss, dass ich auch genauso gut weitermachen und mich meiner Situation stellen konnte. Bei mir stellte sich die Akzeptanz vermutlich ein, nachdem ich alles aufgegeben hatte und am tiefsten Grund angekommen war. Der einzige Weg, irgendein Leben fortzusetzen, bestand damals darin, der Dunkelheit den

Rücken zu kehren und mich wieder auf das Licht zuzubewegen. Bis zum heutigen Tag bezweifle ich nicht im Mindesten, dass unter all den Dingen, denen ich mich seit meinem Unfall stellen und mit denen ich fertigwerden musste, das Akzeptieren meiner Situation das Allerschwerste war.

Akzeptanz gibt einem die Erlaubnis und die Kraft weiterzumachen. Und wenn man weitermachen kann, dann kann man sich auch anpassen. Vom Hals abwärts gelähmt zu sein bedeutete einerseits, dass mir gar nichts anderes übrigblieb, als mich anzupassen – was denn sonst? Aber es zu akzeptieren und die mentale Kontrolle darüber zu übernehmen, wie ich mich angepasst habe, das verlieh mir eine innere Stärke und viel mehr Optionen und Möglichkeiten weiterzumachen. Ich musste eine ganz andere Art zu leben lernen, und dabei geht es vor allem um Anpassung. Manche Dinge, etwa mit dem Mund zu malen oder zu schreiben oder über die sozialen Medien zu kommunizieren, erfordern am Anfang viel Übung, verlangen danach aber nicht mehr viel Anpassung. Anderes, etwa die Einschränkungen meines Körpers kennenzulernen, funktioniert nur durch permanente Abstimmung, Prüfung und Akzeptanz. Heute weiß ich, nachdem ich einige Jahre lang stur darauf beharrte, alles zu können, dass in einer Woche mit Auswärtsterminen, Aufträgen, die ich fertigzustellen, oder einer Rede, die ich zu halten habe, meine Physiotherapie reduziert werden muss. Oder dass ich, wenn ich mich ein bisschen angeschlagen fühle, meine Physio aussetzen und mich ausruhen muss, bis es mir wieder besser geht. Das mag jetzt nicht nach großen Anpassungen klingen, aber es erleichtert das Leben. Darin unterscheide ich mich nicht von allen anderen. Jeder braucht Ruhe, wenn es zu hektisch wird, und es ist in Ordnung, mir einzugestehen, dass ich mehr Ruhe brauche als andere Menschen.

Ein Teil des Anpassungsprozesses bestand darin, das Gleichgewicht zwischen gesundem Antreiben und einem Antreiben zu finden, das ich brauchte, um mir – nicht anderen – zu beweisen, dass ich mich antreiben *konnte.* Das war ein längerer Prozess. Als ich frisch aus dem Krankenhaus kam, hätte ich mir eine Woche ohne Physiotherapie kaum vorstellen können. In meinem damals noch sehr beschränkten Alltag war das Training eines der wenigen Dinge, die ich unter Kontrolle hatte. Deshalb hätte ich das als sehr negativ empfunden. Aber mit der Zeit gewann ich über mehr Elemente meines Lebens die Kontrolle und konnte mehr Dinge tun, sodass es mir möglich ist, von meiner Routine abzuweichen. Einfach weil ich weiß, wenn ich diese Woche nicht trainiere, dann eben nächste Woche. Und das ist so wahr wie das mit dem gesunden Geist in einem gesunden Körper.

Akzeptieren und Anpassen, das hat mich schon in viele neue und erfüllende Richtungen geführt. Auf dem Weg dorthin war ich von Dankbarkeit durchdrungen. Der Imperativ meines gemalten Spruchs »Be Grateful« hat eine Menge Aufmerksamkeit erregt. Wahrscheinlich weil Leute sich denken, wenn ich dankbar bin, obwohl ich im Rollstuhl sitze, sollten sie es – schon allein wegen ihrer uneingeschränkten Beweglichkeit – auch sein. Darum geht es beim Dankbarsein jedoch nicht. Es geht nicht darum zu vergleichen, was ich und andere haben. In meinen Augen wäre das viel zu wenig. Bei Dankbarkeit geht es darum, sich umzusehen, einen Blick für all die kleinen Dinge zu kriegen, die wir vielleicht für selbstverständlich halten. Als ich nicht schlucken konnte und so durstig war, wusste ich nicht, wie ich es auch nur eine Minute länger aushalten sollte. Als ich dann für ein paar Sekunden an dem Schwamm saugen durfte, den meine Mutter in Wasser getaucht hatte, fühlte ich mich überwältigt vor Dankbarkeit. Mir wurde bewusst, dass ich Wasser nie zuvor *geschmeckt* hatte. Nachdem ich wochenlang in einem fensterlosen Raum auf dem Rücken gelegen hatte und mich so sehr nach Sonnenlicht sehnte, dass ich meinte, ohne es zu verwelken, und man mich dann nach draußen brachte, da gelang es mir kaum, die Dankbarkeit für etwas, über das ich mir nie auch nur Gedanken gemacht hatte, zu verarbeiten.

Oder nehmen wir etwas so Simples wie Wärme. Der Sonnenschein, die langen Sommerabende, wenn in der Luft noch die Hitze des Tages steckt. Die meisten von uns lieben die Frühlings- und Sommermonate und fühlen sich besser, wenn Kälte und Dunkelheit vorbei sind. Da ich jedoch meine Körpertemperatur nicht mehr regulieren kann, fällt es mir ungleich schwerer, in Worte zu fassen, welchen Unterschied für meine Lebensqualität wärmeres Wetter bedeutet. Die allermeiste Zeit weiß ich nicht, ob mir kalt oder warm ist, weil ich es nicht spüre. Um meine Temperatur konstant zu halten, muss ich draußen Thermowäsche tragen und drinnen einen Hoodie, um nicht zu sehr auszukühlen. Wenn es kalt oder auch nur nicht warm ist, muss ich oft in meinem Zimmer bleiben – wo die Heizung auf vollen Touren läuft, was alle anderen, die reinkommen, fast umhaut. Ich frühstücke dann auch gleich hier, weil ich weiß, es würde ewig dauern, anderswo im Haus die richtige Temperatur zu erreichen. Meine Dankbarkeit für wärmeres Wetter, vor allem im Sommer, ist also enorm. An dem Wochenende, wenn die Uhr vorgestellt wird und ich weiß, dass der Winter hinter mir liegt, bin ich jedes Jahr aufs Neue erleichtert.

Ich bin froh, dass ich Dankbarkeit für die Dinge, die wir vielleicht als selbstverständlich erachten, gelernt habe. Es bedeutet, draußen zu sitzen, mich umzuschauen, die Schönheit der Bäume und des Sonnenlichts auf dem Rasen wirklich wahrzunehmen. Das mag sentimental klingen, aber es ist noch nicht so schnulzig wie die Dankbarkeit, die ich für meine ganze Familie, Freunde und all die Menschen empfinde, die ich seit meinem Unfall kennengelernt habe und die mich verstehen; ihre bedingungslose Zuneigung, Unterstützung und Teamarbeit sind das Fundament, auf dem mein Leben und mein Glück stehen.

Dankbarkeit kann einen auch ermüden und erdrücken. Sie sollte nichts sein, was lähmt oder jedes Mal einsetzt, wenn jemand nett ist oder wenn man die Sonne oder einen Stern am Himmel sieht. Ich könnte gar nicht durch den Tag kommen, wenn ich meine Dankbarkeit jedes Mal zum Ausdruck bringen müsste, wenn jemand etwas für mich tut. An einem einzigen Tag sage ich so oft danke, dass es eigentlich für ein ganzes Leben reichen müsste. Für mich geht es eher darum, über meine Behinderung hinauszublicken, über dem Selbstmitleid zu stehen, in dem ich mich ergehen könnte, nach dem Positiven zu suchen und für das dankbar zu sein, was ich habe. Verbitterung darüber, was ich nicht mehr habe, würde mich nur runterziehen, und das wäre schlimm.

Natürlich ist man nicht gerade auf Rosen gebettet, wenn man in einem Rollstuhl sitzen muss, und es wäre ja verrückt zu behaupten, dass ich für *alles* dankbar bin. Es kann nämlich extrem frustrieren, davon abhängig zu sein, dass andere Menschen fast alles für mich tun. Es macht mich verrückt, wenn ich mich nachts nicht allein umdrehen kann. Es nervt, wenn ich mit einer neuen Betreuerin oder einem neuen Betreuer alle meine Bedürfnisse durchsprechen muss. Es ärgert mich, dass ich mich von einer Bronchitis oder Blasenentzündung nicht so schnell wieder erhole wie früher einmal. Und einfach nur die Tatsache, an den Rollstuhl gefesselt zu sein, kann mich frustrieren.

Ich sollte nicht unbedingt in einem Rollstuhl ohne Kopf- und Armstützen sitzen. Mein Rollstuhl ist eigentlich nicht für jemand mit so schwerer Lähmung gedacht, und daher ist es nicht so einfach, wie es aussieht, den ganzen Tag darin zu sitzen. Um mein Gleichgewicht zu halten und aufrecht zu sitzen, muss ich die sehr wenigen funktionierenden Muskeln aktivieren, die mir geblieben sind, und das kann enorm ermüdend sein. Wenn ich darin sitze, male oder auch nur fernsehe, bin ich nie ganz entspannt, und die Mühe, die es mich kostet, zusätzlich zu den Überstunden, die mein Körper leistet, damit ich überhaupt weitermachen kann, verursachen eine ständige Erschöpfung. Es gibt manchmal Tage, an denen ich am liebsten einfach im Bett liegenbleiben würde. Aber das kommt für mich nicht in Frage. Denn nur wenn ich im Rollstuhl sitze, bin ich in der Lage, über meine Lebensweise zu bestimmen. Das ist auch meine wichtigste Motivation für die Physiotherapie. Je kräftiger ich bin, desto leichter kann ich im Rollstuhl mein Gleichgewicht halten und sitzen. Die damit verbundene Freiheit genieße ich. Ein Rollstuhl mit Kopf- und Armstützen kann tonnenschwer sein, während meiner extrem leicht ist, sodass ich damit raus- und woanders hinkomme. Und das Leben der Person, die mich treppauf, treppab oder durch eine Menschenmenge manövriert, wird dadurch natürlich auch viel leichter.

Zu Hause liegen meine Arme auf Kissen, die ich auf dem Schoß habe, aber bevor ich rausgehe, werden meine Schultern getapt, damit die Gelenke an der richtigen Stelle bleiben. Eine der Folgen davon, dass man mich zunächst in den falschen Rollstuhl, nämlich einen ohne Armstützen, gesetzt hat, ist eine Subluxation meiner Schultern. Da die Muskeln die Gelenke nicht an der richtigen Stelle hielten, wurden die Sehnen und Bänder überdehnt und in meinen Schultergelenken entstand ein Spalt. Das verursacht mir nach wie vor Schmerzen, und wenn jemand meine Arme bewegt, muss das sehr vorsichtig geschehen. Durch gezielte Übungen habe ich inzwischen mehr Muskeln aufgebaut, aber da die Spalten nach wie vor da sind, hilft das Tapen meiner Schultern, die Gelenke in der richtigen Position zu halten. Dadurch kann ich in meinem Stuhl relativ bequem das Gleichgewicht halten und auch intensiver trainieren. Allerdings braucht das Tapen seine Zeit. Inzwischen habe ich gelernt vorauszuplanen, damit dafür genügend Zeit bleibt, auch wenn es manchmal nervt.

Frust ist nicht das Gegenteil von Dankbarkeit, und oft gibt es eine Möglichkeit, Dinge zu vermeiden, die mich frustrieren. Immer geht es darum zu überlegen, was ich tun kann, nicht, was nicht geht. Und am wichtigsten ist, zumindest für mich, dass meine Dankbarkeit für all die vielen Dinge, die ich tun kann, es leichter macht, den Menschen meiner Umgebung zu zeigen, dass ich ihnen zutiefst dankbar für all ihre Unterstützung bin.

Manches davon sind »The Little Big Things«, die mich zu meinem dritten Bild inspiriert haben, weil mein Leben durch Achtsamkeit und Liebenswürdigkeit anderer Menschen bereichert wurde und bis heute bereichert wird. Ich habe nicht den geringsten Zweifel daran, dass die bedingungslose Liebe meiner Eltern und Brüder, ihre unendliche emotionale Unterstützung, die sie mir – und einander – in diesen ersten düsteren Tagen gewährt haben, dafür sorgten, dass ich das alles überstanden habe. Wenn ich zurückdenke und mich erinnere, dass mein Dad, dessen Geschäft wegen der damaligen Wirtschaftskrise in beträchtlichen Schwierigkeiten war, mich jeden Abend besuchen kam, egal welchen Stress er in der Arbeit hatte. Oder dass Tom jedes Wochenende von der Uni anreiste, egal was das für sein Lernpensum oder sein Sozialleben bedeutete. Dass Will, der gerade dabei war, sich eine Karriere als Profi-Rugbyspieler aufzubauen, trotz des Trainings täglich da war. Oder dass Dom, der mitten in den GCSE-Vorbereitungen steckte, nach der Schule seine Hausaufgaben entweder bei mir im Zimmer oder in der Krankenhaus-Cafeteria machte. Und natürlich dass meine Mum immer an meiner Seite war und mich als ständige Begleiterin durch diese für mich wie für uns alle neue Welt lotste. Wenn ich an all das denke, kann ich es kaum fassen. Es gab keine großen Gesten, kein Pathos. Niemand musste gesagt werden: Das tust du jetzt, das wird von dir erwartet, sei hier, komm dorthin, mach dies oder jenes. Stattdessen rollte die Welle ihrer Liebe und all die kleinen großen Dinge, die daraus entsprangen, und rollte die Welle weiter und rollt bis heute. Inzwischen ist meine Behinderung unser Alltag, doch die Myriade kleiner großer Dinge, die sie und andere für mich tun, wird für mich nie eine Selbstverständlichkeit sein. Dass meine *yiayia* und meine Tante immer noch meine Lieblingsgerichte für mich kochen, dass meine Brüder und Freunde immer Lust zum Ausgehen oder Vorbeikommen haben, um zusammen Rugby zu schauen oder einfach Zeit mit mir zu verbringen, dass die Freunde meiner Eltern nach wie vor so aufmerksam sind, all das berührt mich bis heute.

Meine Familie und ich werden nie diese Gesten von Verwandten und Freunden in der Zeit vergessen, als ich noch im Krankenhaus war: das Essen vor der Tür, damit meine Brüder jeden Abend ein richtiges Abendessen bekamen, die Karten und Nachrichten, die sie mir schickten und die uns allen immer noch so viel bedeuten. Ich kann gar nicht genug betonen, um wie viel heller es diese dunklen Tage machte zu wissen, dass Leute an uns dachten, sich überlegten, wie sie uns unterstützen konnten: durch positive Gedanken, leckeres Essen oder Hilfsangebote. Wenn ich selbst höre, dass ein Freund oder Verwandter oder auch nur jemand, dessen Geschichte mich berührt, in Schwierigkeiten steckt, überlege ich, wie ich vielleicht helfen kann, oder schicke demjenigen ein paar tröstende Worte.

Ich bin froh über mein Profil in den sozialen Medien und freue mich natürlich über freundliche Kommentare zu meinen Bildern oder Gedanken, die ich dort veröffentliche. Demütig machen mich jedoch Menschen, die sich melden, um mir zu sagen, dass ich ihnen in schwierigen

Phasen geholfen habe. Weil sie meine Geschichte gelesen und erfahren haben, wie ich meine Situation akzeptiert und mich daran angepasst habe, wie ich mich selbst angetrieben und mir meinen Optimismus bewahrt habe. Dadurch haben manche auch für sich selbst einen Ausweg gesehen. Ich schätze, das ist eine Bestätigung dafür, dass die kleinen Dinge, die ich tue, richtig sind und für manche Leute sogar eine große Sache darstellen.

Weil meine Meinung anscheinend gewisse Beachtung findet, hat man mich kürzlich ermutigt, auch zu weiterreichenden Themen Stellung zu nehmen. Mir erscheint es falsch, wenn Entscheidungen über die finanzielle Unterstützung und Chancen für Behinderte meist von Menschen getroffen werden, die selbst gar nicht wissen, wie es ist, behindert zu sein. Für mich ist ganz klar – gewährt man jemand die benötigte Hilfe, kann derjenige auch etwas zur Gesellschaft beitragen; bekommt er aber nur das Existenzminimum und muss praktisch ums Überleben kämpfen, kann er nichts beitragen. Mir ergeht es wie vielen anderen behinderten Menschen – man fühlt sich dafür bestraft, behindert zu sein. Und das ist eine himmelschreiende Ungerechtigkeit. Im Moment bringe ich meine Überzeugungen lieber in den sozialen Medien zum Ausdruck als auf dem politischen Parkett. Aber andererseits sage ich inzwischen ja niemals mehr nie; und ich bedenke durchaus, dass Leute das wirklich hören wollen; und es ist tatsächlich so, dass ich durchaus für andere in ähnlicher oder noch weniger glücklicher Lage als meiner sprechen kann. Angesichts all dessen kann es schon sein, dass ich irgendwann meine Ansichten zum Bedarf an verbesserten Rechten für Menschen mit Behinderung oder anderer Beeinträchtigung in einem anderen Rahmen öffentlich mache. Es nicht zu tun, käme mir geradezu unverantwortlich vor.

Während meiner Reden halte ich mich meist ans Manuskript, aber danach beantworte ich auch gern die Fragen der Zuhörer. Manche werden mir regelmäßig gestellt: ob ich glaube, dank medizinischer Fortschritte irgendwann meine Arme wieder benutzen und laufen zu können; ob ich ein normales Sozialleben habe, abends ausgehe, Freundinnen habe; und was ich mir noch vom Leben erwarte.

Noch im Krankenhaus in Portugal war es meinen Eltern ein großes Anliegen, mir zu sagen, was für eine großartige Wissenschaft die Medizin sei; welche Fortschritte es in so kurzer Zeit gebe und was für unglaubliche Dinge dadurch möglich würden. Natürlich standen dahinter vor allem der Schock, den sie selbst erlitten hatten, und eine gewisse Verleugnung meiner Situation. Tatsächlich wusste keiner von uns auch nur das Geringste über Rückenmarksverletzungen und schon gar nichts über potenzielle Fortschritte bei deren Behandlung. Doch fünf Jahre nach meinem Unfall hat die Medizin und insbesondere die Arbeit von Geoffrey Raisman, einem leider im Januar 2017 verstorbenen Neurowissenschaftler am University College London, einem behinderten Mann das Gehen wieder ermöglicht. Darek Fidyka war nach einer Messerattacke des Exmanns seiner Ehefrau vor seinem eigenen Haus zunächst von der Taille abwärts gelähmt. Inzwischen kann er mit Beinschienen und einem Rollator wieder gehen. In einer bahnbrechenden Operation entnahmen Raisman und sein Team Darek Fidyka Zellen aus den Nerven, die seine Nase mit dem Gehirn verbanden, und injizierten diese in den acht Millimeter breiten Spalt, den der Messerstich in seinem Rückenmark hinterlassen hatte. Das regte die geschädigten Nervenzellen an, neu zu wachsen und so sein Rückenmark wiederherzustellen. Jetzt spürt er unterhalb der verletzten Stelle seine Beine und kann Blase und Darm wieder kontrollieren. Sollte er weiter Fortschritte machen, wird er der erste Mensch sein, dessen Lähmung aufgrund einer Rückenmarksverletzung durch eine Operation beseitigt wurde.

All das wurde möglich durch die Transplantation seiner eigenen Stammzellen. Seit ich davon gelesen habe, bin ich der festen Überzeugung, dass Stammzellen die großartigsten Chancen für die Behandlung einiger der schlimmsten Erkrankungen bieten. Ich engagiere mich für die UK Stem Cell Foundation, sammle Spenden und helfe, Aufmerksamkeit für deren Aktivitäten zu wecken. Es ist noch ein sehr weiter Weg. So war Darek Fidykas Verletzung weniger schwer als meine – er konnte seine Arme noch benutzen. Außerdem kann man die langfristigen Auswirkungen seiner Operation noch nicht gut genug abschätzen und weiß noch nicht, ob sie auch bei anderen funktionieren würde. Doch um die Frage »Glaubst du, dass du jemals wieder ohne fremde Hilfe deine Arme bewegen und gehen kannst?« zu beantworten: Auch wenn die Chancen dafür in meiner Lebenszeit nicht allzu groß sind, kann man doch angesichts aufregender Fortschritte in der Stammzellenforschung nie wissen, was passieren wird.

Was mein soziales Leben betrifft, so habe ich viel Spaß mit meinen Brüdern und Freunden und genieße es, abends oder am Wochenende auszugehen. Wenn ich etwas trinke, versuche ich, aufmerksam auf alles zu achten, was um mich herum passiert, vor allem wenn alle anderen auch trinken. Aber es erstaunt mich immer wieder, wie nett die Leute zu mir sind, mit anpacken, um den Rollstuhl Treppen rauf oder runterzuschleppen, darauf achten, dass ich mich nicht ausgeschlossen fühle, oder mir ins Taxi und wieder heraushelfen. Meiner Ansicht nach sind Erwachsene deutlich empfindlicher oder reservierter, wenn es darum geht zu sagen, was sie wirklich denken. Schulkinder können ihre eigenen Ängste viel besser in Form von Fragen rüberbringen. Ich wurde von ihnen schon alles Mögliche gefragt, angefangen damit, wie ich aufs Klo gehe, wie das Essen vom Teller in meinen Mund kommt oder wie ich meine Hose ankriege.

Am allerhäufigsten stellt man mir jedoch diese Frage: »In deiner Situation muss es doch Tage geben, an denen du niedergeschlagen bist und dich selber fragst, warum ich?«

Dann sehe ich denjenigen an und erkläre, dass ich jeden Tag voller Dankbarkeit dafür aufwache, was ich in meinem Leben alles habe. Ich sehe mich um und denke an meine unglaubliche Familie und meine Freunde. An das Leben, das meine Eltern meinen Brüdern und mir geschenkt haben. Ich kann jeden Tag aufwachen und einem Job nachgehen, den ich liebe. Ich kann mich herausfordern lassen, auf vielerlei Arten und vielen Gebieten voranzukommen, und ich lerne immer etwas dazu, entwickle mich weiter. Das können nicht viele Leute von sich behaupten, und wenn ich mein Leben aus dieser Perspektive betrachte, schätze ich mich sehr glücklich. Worüber soll ich niedergeschlagen sein? Ich habe doch so viel, über das ich glücklich sein kann.

Es bringt nichts, sich damit aufzuhalten, was hätte sein können. Die Vergangenheit ist schon passiert und lässt sich nicht ändern; man kann sie nur akzeptieren. Das Leben wird jedoch viel einfacher und glücklicher, wenn man den Blick immer darauf richtet, was man kann, nicht auf das, was man nicht kann.

Jeder Tag ist ein guter Tag.

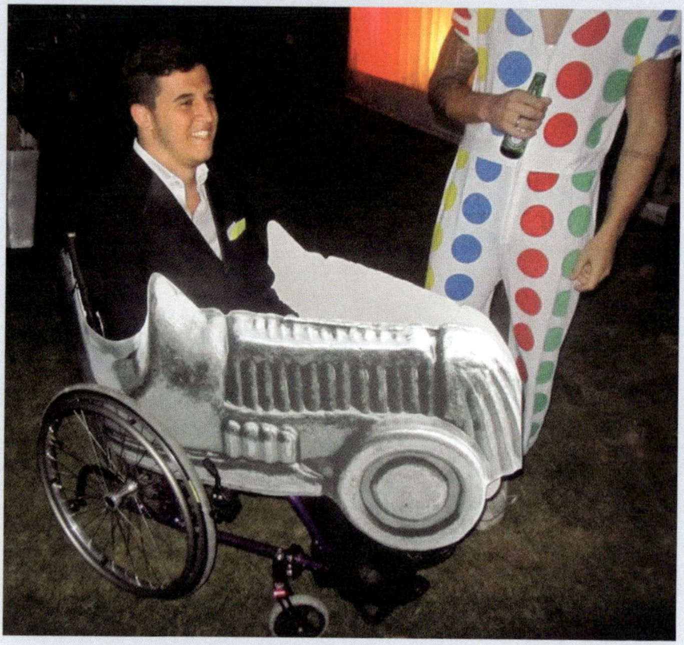

Auf der Kostümparty eines Freunds. Ich fand es passend, als Monopoly-Auto zu kommen.

Dank

Ich danke allen, die zu den kleinen großen Dingen beigetragen haben, die das Leben für meine Familie und mich so viel schöner gemacht haben. Ihr seid zu viele, als dass ich euch namentlich aufzählen könnte, aber ihr wisst, wer gemeint ist. Wir werden euch immer dankbar sein für das, was ihr getan habt und immer noch tut.

Danke, Neil Blair, der die Idee zu diesem Buch hatte. Danke auch an meine Agentinnen Josephine Hayes und Zoe King. Ebenso danke ich Amanda Harris, Olivia Morris und allen bei Orion, die dieses Buch ermöglicht haben. Besonderer Dank gebührt Gillian Stern, die mir geholfen hat, meine Worte zu Papier zu bringen und meine Geschichte zu erzählen.

Autor

Henry Fraser ist ein britischer Künstler und Motivationsredner. Er war siebzehn Jahre alt, als er sich bei einem tragischen Unfall das Rückenmark schwer verletzte. Von den Schultern abwärts gelähmt ist ihm die unvorstellbar schwere Herausforderung gelungen, sein Leben und seine neue Art zu leben anzunehmen.

Mit einem speziell dafür entwickelten Stift und einer besonderen Staffelei hat Henry sich einen Namen als Mundmaler gemacht. Seine erste Einzelausstellung, *Hand to Mouth,* fand im Juli 2016 statt. Er hat das Titelbild für die Sonderbeilage der Times zum Rugby World Cup 2015 gemalt und eine Menge sehr prominenter Fans, angefangen bei J. K. Rowling bis zu den englischen Rugby- und Cricket-Nationalmannschaften.

Seine inspirierende Rede »Pushing Myself« hat Henry schon für angesehene Unternehmen und Sportteams, darunter die Saracens und die England 7s, gehalten. Sein Vortrag ermutigt die Leute, ihre Komfortzone zu verlassen und die Herausforderungen des Lebens als Chancen zu betrachten. Henry verkörpert selbst am besten sein persönliches Mantra: unermüdlich positiv ans Leben herangehen. Damit gelingt es ihm, andere auf leidenschaftliche Weise zu motivieren, das Gleiche zu tun.

2017 stand er auf Platz 7 der Liste Power 100 der einflussreichsten Menschen, die in Großbritannien mit einer Behinderung leben.

www.henryfraser.org
www.henryfraserart.com

Von Henry unterstützte Wohltätigkeitsorganisationen

UKSCF | UK STEM CELL FOUNDATION

UK Stem Cell Foundation
www.ukscf.org

Seit Anbeginn der Menschheit wird das Leben einzelner von Erkrankungen, gegen die es noch kein Heilmittel gibt, beeinträchtigt oder verkürzt. Täglich und trotz großer medizinischer Fortschritte im Laufe der letzten zweihundert Jahre müssen viel zu viele Menschen erfahren, dass es gegen ihre Krankheit keine effektive Behandlungsmethode gibt.

2006 wurde die britische Stem Cell Foundation gegründet. Ihr Auftrag besteht darin, aufregende neue, auf Zelltherapie beruhende Behandlungsmethoden voranzutreiben, damit diese Einzelnen zur Verfügung stehen, für die es sonst kaum Hoffnung gibt. Dank zahlreicher Spenden sind dadurch schon hochqualifizierte Therapieentwicklungen im Wert von fünfundzwanzig Millionen Pfund in ganz Großbritannien ermöglicht worden.

Die Foundation ist die einzige Wohltätigkeitsorganisation, die ausschließlich auf Stammzellen basierende Therapien fördert und nur Forschung finanziert, die das Potenzial besitzt, kurz- bis mittelfristig in Krankenhäusern eingesetzt zu werden. Diese Kriterien haben dazu geführt, dass neue Therapien bereits im Rahmen mehrerer klinischer Studien zur Anwendung kamen.

MATT HAMPSON
FOUNDATION

Matt Hampson Foundation
www.matthampsonfoundation.org

Matt Hampson fasste, nachdem er 2005 eine sein Leben verändernde Verletzung erlitten hatte, einen Entschluss: *Get busy living* – Los geht's mit Leben.

Das ist auch das Motto aller Aktivitäten der Matt Hampson Stiftung. Wir helfen Menschen nach einer Verletzung, die ihr Leben grundlegend verändert hat. Das kann Hilfe bei der Rückkehr zum Sport sein oder auch Hilfe bei der Anpassung an neue Lebensumstände. Wir sind da, um zu helfen und Unterstützung auf dem einmal eingeschlagenen Weg zu bieten. All unsere Einnahmen werden ins Leben und Weitermachen gesteckt, worauf wir sehr stolz sind.

UNSER ZIEL Junge Menschen, die sich beim Sport schwer verletzt haben, inspirieren und unterstützen.

UNSERE MISSION – GET BUSY LIVING! Ein Unterstützernetzwerk schaffen aus Leuten, die sich beim Sport schwer verletzt haben, und deren Angehörigen, damit sie sich gegenseitig Hilfe durch Wissensvermittlung und Erfahrungsaustausch leisten können.